Allons-y 1

Junior Cycle French
First Year

Lisa Bergin & Linda Fogarty

educate.ie

PUBLISHED BY:
Educate.ie
Walsh Educational Books Ltd
Castleisland, Co. Kerry, Ireland
www.educate.ie

DESIGN AND LAYOUT:
Kieran O'Donoghue

PRINTED AND BOUND BY:
Walsh Colour Print, Castleisland

ISBN: 978-1-910936-79-5

*This book is dedicated
to the loving memory
of Lillie Fogarty.*

Table des matières

	Vocabulaire	Grammaire	Culture
6 **Les passe-temps**	Pastimes .... 136 Colours............................ 150 Clothes............................ 152 Numbers 81 to 100 .... 156 Shopping 157	Jouer de............................140 The irregular verb lire..............144 Adjectives.............................148 The regular verb porter...............154	French cinema..............................138 The Festival of Music....................141 Comics.......................................145 Technology..................................147 French fashion.............................153 Valentine's Day in France..............159 The francophone file: Senegal ....160 Authentic text: cinema listings 168
7 **La ville**	Buildings in town.............. 170 Shops .... 172 Directions 176	The irregular verb aller...............175 The near future.......................180 The irregular verb voir................181 The irregular verb sortir..............183	Shops in France..........................173 Tourist sites in France..................181 The francophone file: Switzerland.....184 Authentic text: a poster for a tour of Avioth Basilica 192
8 **La nourriture**	At the market .... 194 Meals .... 198 Cooking 207	The irregular verbs manger and boire.......200 The partitive article (du, de la, de l', des) ...201 Expressions with avoir ....205 The irregular verb mettre............207	Meals in France...........................198 Easter in France..........................211 The francophone file: Ivory Coast......212 Authentic text: a canteen menu 220
9 **Au restaurant**	Reserving a table.............. 222 Ordering food .... 228 Tableware......................... 231	The irregular verb vouloir..............225	Eating out in France......................224 French regional specialities ....226 Bastille Day ....233 The francophone file: Canada ....234 Authentic text: restaurant boards......242
10 **Une vie saine**	Team sports...................... 244 Individual sports .... 246 Advice for a healthy life 252	Jouer à...............................245 Faire de..............................247 The irregular verbs pouvoir and devoir 250	The Francophone Games.................254 The francophone file: Vietnam ....258 Authentic text: a healthy eating poster............266

Introduction

Bonjour et bienvenue à *Allons-y 1* !

Throughout the book, you will be introduced to the French language and to francophone culture, preparing you to explore the French-speaking world.

Icon Key

As you work your way through *Allons-y*, you will see a number of icons. These represent different types of exercises, information and instructions.

 Reading exercise

 *Mon chef d'œuvre* exercise

 Writing exercise

 Digital exercises (on educateplus.ie)

 Listening exercise (on the CDs)

 Grammar information

 Oral exercise

 Culture information

 Pair exercise

 Key words

 Group exercise

 Self-assessment

As well as this textbook, you have the following books:

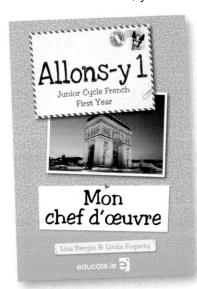

Mon chef d'œuvre, which will be a record of your learning in the form of creative exercises and self-evaluation for each textbook chapter.

A *Lexique*, which is a useful reference for the vocabulary and verbs covered in *Allons-y 1*.

Digital resources

You also have access to a range of interactive digital exercises for each chapter on **educateplus.ie/resources/allons-y**.

They include:

- Multiple choice exercises
- Sentence unscrambles
- Matching exercises
- Fill in the blanks
- Pronunciation practice
- Reading comprehensions

As you complete the exercises for each chapter, the Learned section will show you how much vocabulary you have built up, allowing you to track your progress. It will also prompt you to revise any 'stale' vocabulary that you haven't practised recently.

These exercises can also be accessed on your mobile device via the free Transparent Language app, available for iOS and Android from the App Store, Google Play and Amazon.

You can find your login details for the app by clicking on the Go Mobile button on the desktop task bar.

Audio

Allons-y 1 comes with two CDs. These contain the audio you'll need to complete the listening exercises in each chapter.

Chapters		Tracks
1	Bienvenue !	2–14
2	L'école	15–25
3	Ma famille et moi	26–38
4	Chez moi	39–50
5	Le temps	51–61

Chapters		Tracks
6	Les passe-temps	2–17
7	La ville	18–27
8	La nourriture	28–39
9	Au restaurant	40–45
10	Une vie saine	46–53

Bonne chance et allons-y !

Features to Look Out For in *Allons-y 1*

This box tells you the main **topics and vocabulary** that you will study in a chapter.

This box tells you which aspects of French and francophone **culture** you will learn about in a chapter. These boxes appear throughout each chapter and include information about the lifestyles, interests and traditions of native French speakers.

This box tells you about the **grammar** that will be covered in a chapter. These boxes appear throughout each chapter and include information about important verbs, adjectives, articles, pronouns, accents and other technical features of the French language.

The **CD icon** within each Écoutez ! box contains details of the CD and track number for a listening exercise.

The **Retenez !** feature contains useful hints and tips for learning the French language.

This arrow prompts you to go to your *Chef d'œuvre* to complete a creative task related to what you have just learned in a chapter.

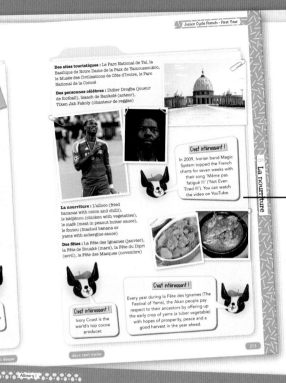

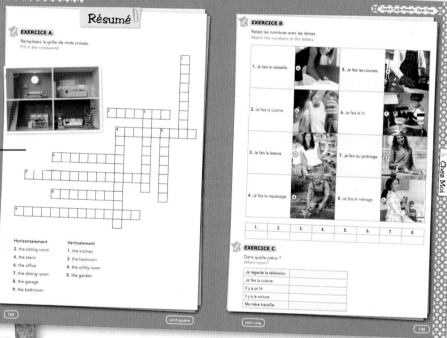

Le dossier francophone at the end of each chapter details the landmarks, food, traditions, famous people and interesting facts about places around the world where French is a common language.

Résumé sections contain exercises to help you revise the vocabulary and grammar you have learned in a chapter. When you have completed them, you will be prompted to go to your *Chef d'œuvre* to evaluate your learning in the chapter.

Le texte authentique at the end of each chapter features a real-life sample of French writing, such as a poster, a menu, a magazine article, a weather forecast or signage.

Le monde de la francophonie

Canada

Belgique

France

Maroc

Louisiane, États-Unis

Haïti

Sénégal

Côte d'Ivoire

Burkina Faso

République démocratique du Congo

C'est intéressant !

Kinshasa, the capital city of the Democratic Republic of the Congo, is now the largest French-speaking city in the world – above even Paris!

When you think of the French language, you likely think of it being spoken in France. In fact, two thirds of French speakers (**les francophones**) live in the many other countries or regions around the world where French is an official or commonly used language.

The **dossier francophone** at the end of each chapter will help you appreciate the rich and diverse culture of the French-speaking world.

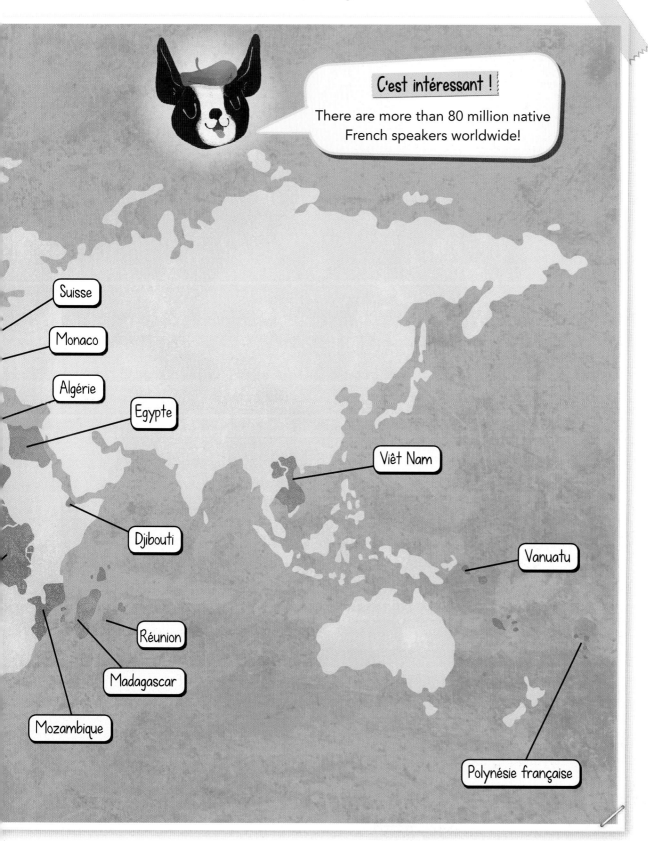

C'est intéressant !

There are more than 80 million native French speakers worldwide!

Suisse

Monaco

Algérie

Egypte

Viêt Nam

Djibouti

Vanuatu

Réunion

Madagascar

Mozambique

Polynésie française

Les francophones

A sports fan in Switzerland

A dancer in French Polynesia

A chef in Ivory Coast

A businessman in Belgium

A teenage boy in France

Children in Madagascar

A teenage girl in Mali

Fishermen in Canada

Grandparents in Vietnam

Bienvenue !

Bienvenue !
Je m'appelle
Poutchi !

Les salutations françaises

In French, the way you greet another person depends on who they are. For example, you would greet a friend differently to how you would greet a teacher.

The word **bonjour** (hello) is formal, so you use it to greet someone older than you or a stranger. The word **salut** (hi) is informal and is used to greet friends.

Les salutations informelles

– Salut, Pierre !

– Hi, Pierre!

– Salut, Jacques !

– Hi, Jacques!

– Ça va ?

– How are you?

– Ça va bien. Et toi ?

– I am well. And you?

– Ça va bien, merci.

– I am well, thank you.

– À bientôt, Jacques !

– See you soon, Jacques!

– Bonsoir, Pierre !

– Good evening, Pierre!

Les salutations formelles

– Bonjour, monsieur.

– Hello, sir.

– Bonjour, Eric. Comment allez-vous ?

– Hello, Eric. How are you?

– Je vais bien, merci.

– I am fine, thank you.

– Au revoir, Eric.

– Goodbye, Eric.

– À demain, monsieur.

– See you tomorrow, sir.

Des mots clés

Bonjour	Hello
Salut	Hi
Ça va ?	How are you? (Informal)
Comment allez-vous ?	How are you? (Formal)
Ça va bien	I am well
Ça va mal	Things are not going well
Je vais bien	I am fine
Et toi ?	And you?
Merci	Thank you
À bientôt	See you soon

À demain	See you tomorrow
Bonsoir	Good evening
Bonne nuit	Goodnight
Au revoir	Goodbye

1.1 Écoutez !
CD 1 Track 2

Écoutez et répétez les salutations françaises.
Listen to and repeat the French greetings.

Retenez !

Notice that there is a space before a question mark or exclamation mark in French.

Les salutations

In general, French people are more physical than Irish people when it comes to greetings and farewells.

When family members and close friends meet and say goodbye, they usually kiss each other on each cheek (**faire la bise**).

When strangers greet each other for the first time, they are more likely to shake hands (**serrer la main**).

EXERCICE 1

Remettez les lettres dans le bon ordre pour trouver les salutations.
Unscramble the letters to find the greetings.

1. autls _____
2. nrsooib _____
3. ua rrioev _____

4. à tteinbô _____
5. obnrjou _____
6. te oit _____

7. aç av ebni _____
8. à nedami _____

1.2 Écoutez !

CD 1 Track 3

Écoutez les conversations et remplissez les blancs.
Listen to the conversations and fill in the missing words.

1.

– Salut, Marc.

– <u>Salut</u>, Sophie.

– Ça va ?

– Ça va bien. Et toi ?

– <u>Ça va bien</u>.

– Au revoir, Sophie.

– <u>À bientôt</u> Marc.

2.

– Bonjour, madame.

– Bonjour, <u>monsieur</u>.

– Comment <u>allez - vous</u> ?

– Je vais bien. Et <u>vous</u> ?

– <u>Je vais bien</u>, merci.

– <u>Au revoir</u>, monsieur.

– Bonsoir, madame.

EXERCICE 2

Choisissez les mots qui conviennent le mieux pour chaque situation.
Choose the best words for each situation.

Salut	Au revoir	Bonjour	À bientôt	Bonsoir	Bonne nuit

1. You meet your best friend in the morning. <u>Salut</u>
2. You speak to your parents before going to bed. <u>Bonne nuit</u>
3. You say goodbye to a stranger on the bus. <u>Au Revoir</u>
4. You meet your school teacher on the way to school. <u>Bonjour</u>
5. You go to the cinema in the evening and greet the ticket seller. <u>Bonsoir</u>
6. You say goodbye to a friend you will see again later. <u>À bientôt</u>

I know the greetings vocabulary.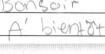

Bienvenue !

Comment se présenter

To introduce yourself in French, you say **Je m'appelle** followed by your name. For example, **Je m'appelle Sarah**.

How you ask someone else's name depends on how formal the situation is. To ask 'What is your name?' in a casual setting you say **Comment tu t'appelles ?** In a more formal situation you would ask **Comment vous appelez-vous ?**

Je m'appelle Clara. Comment tu t'appelles ?

Je m'appelle Milo.

EXERCICE 3

Par deux, suivez les étapes ci-dessous pour vous présenter.
In pairs, follow the steps below to introduce yourselves.

1. Choose a way to greet the person beside you (**Bonjour / Salut**).

2. Ask them how they are (**Ça va ? / Comment vas-tu ?**). Wait for their response.

3. Introduce yourself (**Je m'appelle …**) and ask their name (**Comment tu t'appelles ? / Comment vous appelez-vous ?**).

I can introduce myself in French.

Les prénoms français

The following lists show the top ten names for male and female babies born in France in 2015.

Des filles

1. Manon	6. Chloé
2. Jade	7. Léa
3. Louise	8. Lou
4. Alice	9. Emma
5. Camille	10. Charlotte

Des garçons

1. Armand	6. Arthur
2. Jules	7. Louis
3. Lucas	8. Hugo
4. Léo	9. Tom
5. Gabriel	10. Sacha

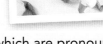

There are some names in French that can be for a boy or a girl, which are pronounced the same but spelled differently. For example, Michel is a boy's name and Michèle is a girl's name.

1.3 Écoutez !

Écoutez les prénoms les plus courants pour des bébés nés en 2015 en France.
Listen to the popular names for babies born in France in 2015.

Des mots clés

Comment tu t'appelles ?	What is your name? *(Informal)*
Comment vous appelez-vous ?	What is your name? *(Formal)*
Je m'appelle …	I am called …

Juste pour rire !
- Comment s'appelle la femme du hamster ?
- Hamster Dame !

1.4 Écoutez !

Écoutez et répétez la langue employée pour vous présenter.
Listen to and repeat the language used to present yourself.

Go to **page 101** of your *Chef d'œuvre* to fill in the first section of your Tout sur moi ! fact file.

La journée européenne des langues

The European Day of Languages takes place on 26 September each year. On this date, activities are organised to celebrate European culture and encourage people to learn a new language.

Take part in the European Day of Languages by:

- Finding out how to say 'Hello. My name is …' in different European languages.
- Watching a European film with subtitles.
- Trying food from different European countries.
- Making bunting of the European flags.
- Researching a European country and giving a presentation.

Visit the European Day of Languages website (edl.ecml.at) for more information and ideas!

Bienvenue ! 1

C'est intéressant !

Author of the Harry Potter series, JK Rowling, speaks fluent French. In fact, some of the character names in the books are based on French words. For example, Fleur Delacour translates as 'flower of the court' and Voldemort (**vol de mort**) means 'theft of death'!

Où habites-tu ?

When you want to know where someone lives, you ask **Où habites-tu ?** (Where do you live?).

To answer this question, say **J'habite à …** (I live in …), followed by the name of where you live. For example, **J'habite à Dublin**.

1.5 Écoutez !
CD 1
Track 6

Écoutez et écrivez où habitent ces gens.
Listen and write down where these people live.

1. Louise

J'habite à
Lyon

2. James

J'habite à
cork

3. Antoinette

J'habite à
Galway

4. Caroline
J'habite à
Paris

5. Henri
J'habite à
nice

6. Catherine
J'habite à
Cannes

7. Nicolas

J'habite à
lille

8. Sophie

J'habite à
Belfast

Des mots clés

| Où habites-tu ? | Where do you live? | J'habite à … | I live in … |

L'alphabet français

French and English share lots of words (e.g. **radio**, **garage**, **restaurant** and **menu**), but they sound different in the two languages. This is because of the differences in how the letters of the English and French alphabets are pronounced.

The following table shows how to pronounce each letter of the alphabet in French.

L'alphabet français			
A	*ah*	N	*enne*
B	*bay*	O	*oh*
C	*say*	P	*pay*
D	*day*	Q	*ku*
E	*euh*	R	*erre*
F	*effe*	S	*esse*
G	*zhay*	T	*tay*
H	*ashe*	U	*u*
I	*ee*	V	*vay*
J	*zhee*	W	*doob-leh-vay*
K	*ka*	X	*eex*
L	*elle*	Y	*ee-grek*
M	*emme*	Z	*zed*

C'est intéressant !

Words that are spelled the same in English and French and have the same meaning are known as **vrais amis** (true friends)!

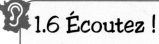 **1.6 Écoutez !**

Écoutez et répétez les lettres de l'alphabet français.
Listen to and repeat the letters of the French alphabet.

 EXERCICE 4

Épelez votre prénom en français.
Spell your first name in French.

1.7 Écoutez !

Écoutez les prénoms et les endroits et remplissez les blancs.
Listen to the names and places and fill in the blanks.

1. A L A i n
2. P a r i s
3. B o r d e a u x
4. O L i v i e r
5. A v i g n o n

6. D e l p h i n e
7. g e i l L a u m e
8. St r a s b o u r g
9. l i m o g e s
10. É t i e n n e

> **Retenez !**
>
> Vowels are the letters a, e, i, o and u. The letter y is also considered to be a vowel in French.

Les accents français

You will have noticed that some French words have accents. They appear mostly over vowels and can change how a word sounds.

The following table explains the accents used in French.

What does the accent look like?	What is it called?	Example	Why is it there?
â, ê, î, ô, û	Accent circonflexe	hôtel être	This accent shows that a letter was removed to form the French word (e.g. hospital became hôpital). The sound of the letter stays the same
ç	Cédille	garçon français	This accent turns the 'k' sound into an 's' sound
é	Accent aigu	téléphone supermarché	This accent makes the 'e' sound like the 'a' sound in 'say'
à, è, ì, ò, ù	Accent grave	là très mère où	Although it can appear on all vowels, this accent only affects how the letter 'e' sounds – it becomes like the 'e' sound in 'let'
ë, ï, ö, ü	Tréma	Noël	This accent shows that two vowels beside each other must be pronounced separately

Accents are also used to make a difference between two words that are otherwise the same. For example, **ou** (or) and **où** (where).

> **Retenez !**
>
> When you are learning to spell a new French word, always learn the accents.

La langue employée en classe

In the French classroom, your teacher is likely to give you the following instructions.

Levez la main

Put up your hand

Levez-vous

Stand up

Asseyez-vous

Sit down

Écoutez

Listen

Regardez le tableau

Look at the board

Fermez vos livres

Close your books

Écrivez

Write

Ouvrez vos livres

Open your books

Rangez vos affaires

Tidy up

Silence, s'il vous plaît

Quiet, please

1.8 Écoutez !
CD 1 Track 9

Écoutez et répétez la langue employée en classe par le professeur.

Listen to and repeat the language used in the classroom by the teacher.

1 Bienvenue !

Jacques a dit !

Use the classroom instructions above to play the game Jacques a dit (Simon Says) with your teacher. For example, when your teacher says **Jacques a dit écoutez**, put your hand up to your ear.

Only do the action if the teacher says **Jacques a dit** first. If you do an action without the teacher saying **Jacques a dit**, you are out. The last person standing is the winner.

Bonne chance !

Des mots clés   *S'il vous plaît – please*

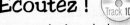

Madame / monsieur	Ms/sir
Merci	Thank you
De rien	You're welcome
Oui	Yes
Non	No
Puis-je aller aux toilettes ?	Can I go to the toilet?
Avez-vous un stylo / un crayon ?	Do you have a pen/pencil? *(Formal)*
As-tu un stylo / un crayon ?	Do you have a pen/pencil? *(Informal)*
Je suis désolé(e)	I'm sorry
Je ne comprends pas	I don't understand
Quelle page ?	What page?
Comment dit-on _____ en français ?	How do you say _____ in French?

1.9 Écoutez !   (CD 1 Track 10)

Écoutez et répétez la langue employée en classe par les élèves.

Listen to and repeat the language used in the classroom by the pupils.

EXERCICE 5

Reliez les nombres avec les lettres.

Match the numbers to the letters.

1.	Écoutez	a.	Sit down
2.	Regardez	b.	Close your books
3.	Rangez vos affaires	c.	Can I go to the toilet?
4.	Parlez	d.	Put up your hand
5.	Asseyez-vous	e.	Listen
6.	Levez la main	f.	Open your books
7.	Écrivez	g.	Tidy up
8.	Fermez vos livres	h.	Speak
9.	Ouvrez vos livres	i.	Write
10.	Puis–je aller aux toilettes ?	j.	Look

1.	2.	3.	4.	5.	6.	7.	8.	9.	10.
e.	j	g	h	a	d	i	b	f	c

I understand the language used in the classroom.

Comment utiliser un dictionnaire

It is important that you learn how to use a French dictionary. The dictionary will be bilingual (in two languages): one half will be English–French and the other side will be French–English.

The French dictionary will give you the meaning of words. It will also tell you if a noun is feminine or masculine.

For example:

- The French word for 'door' is feminine. The dictionary will show the word **porte** with *nf* beside it (*n* = noun and *f* = feminine).

- The French word for 'wall' is masculine. The dictionary will show the word **mur** with *nm* beside it (*n* = noun and *m* = masculine).

Retenez !

A noun is a person (e.g. Anne, mother, doctor), place (e.g. Thurles, shop, Mars) or thing (e.g. tree, cat, book).

L'article indéfini

The word **un** or **une** in front of a noun is called the indefinite article. You use the indefinite article in French when you want to say 'a' or 'an'.

Gender	Indefinite article	Examples
Masculine	un	un livre (a book) un chapeau (a hat)
Feminine	une	une gomme (a rubber) une voiture (a car)

When talking about more than one object, **des** is used and an 's' is generally added to the noun.

Plural	des	des crayons (some pencils) des chats (some cats)

 EXERCICE 6

Utilisez votre dictionnaire pour trouver les mots et identifier s'ils sont masculins ou féminins.

Use your dictionary to find the words and if they are masculine or feminine.

1. A dog. *masculine un chien*
2. A flower. *feminine une fleur*
3. A table. *feminine une table*
4. A child. *masculine un enfant*
 feminine une

Retenez !

When you learn French vocabulary you need to learn whether the word is masculine or feminine. For example, don't just learn 'livre', learn 'un livre'.

Go to **page 2** of your *Chef d'œuvre* to complete Activité 1 : Compétences dictionnaire.

Les fournitures scolaires

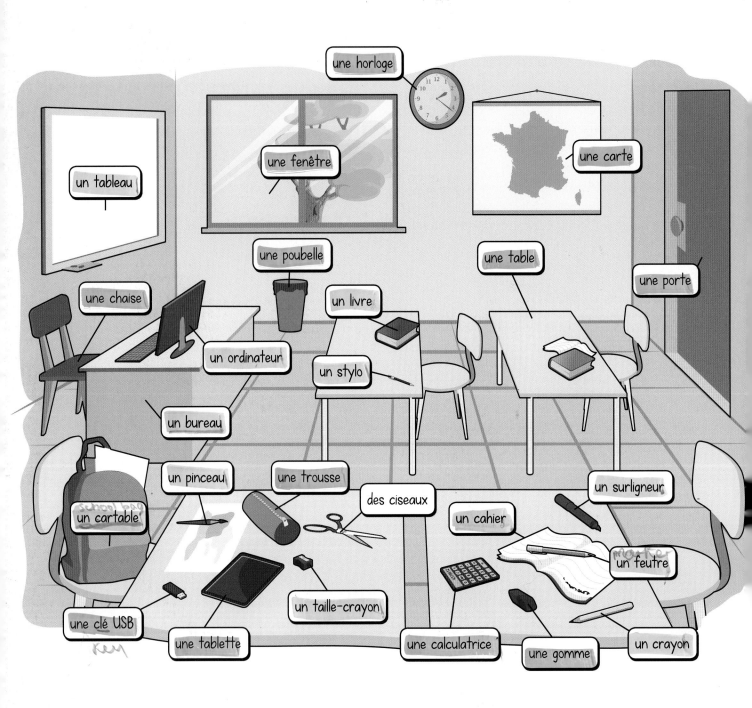

une horloge

une carte

une fenêtre

un tableau

une poubelle

une table

une porte

une chaise

un livre

un ordinateur

un stylo

un bureau

un pinceau

une trousse

des ciseaux

un surligneur

un cartable

un cahier

un feutre

une clé USB

un taille-crayon

une tablette

une calculatrice

une gomme

un crayon

1.10 Écoutez !

CD 1
Track 11

Écoutez et répétez les fournitures scolaires.
Listen to and repeat the classroom items.

 – feminine   masculine

✓ I know the school supplies vocabulary. 😊 😐 ☹

EXERCICE 7

Reliez les nombres avec les lettres.
Match the numbers to the letters.

1. un livre	**a.**	**7.** un ordinateur	**g.**
2. un stylo	**b.**	**8.** une poubelle	**h.**
3. un crayon	**c.**	**9.** une carte	**i.**
4. une gomme	**d.**	**10.** une porte	**j.**
5. un cartable	**e.**	**11.** une fenêtre	**k.**
6. une trousse	**f.**	**12.** un pinceau	**l.**

1.	2.	3.	4.	5.	6.	7.	8.	9.	10.	11.	12.
j.	K	h	g	a	l	F	e	b	i	d	c

Qu'est-ce que c'est ?

When you want to ask 'What is it?' in French you say **Qu'est-ce que c'est ?**
To say 'It is …', you say **C'est un / une …**

 EXERCICE 8

Remettez les lettres dans le bon ordre pour trouver les fournitures scolaires. Mettez **un** ou **une** devant le mot.

Unscramble the letters to find the classroom items. Put un or une in front of the word.

1. osytl
   Qu'est-ce que c'est ?
   C'est _un stylo_ ✓

2. mmeog
   Qu'est-ce que c'est ?
   C'est _une gomme_ ✓

3. ueostsr
   Qu'est-ce que c'est ?
   C'est _une trousse_ ✓

4. noayrc
   Qu'est-ce que c'est ?
   C'est _un crayon_ ✓

5. reihac
   Qu'est-ce que c'est ?
   C'est _un cahier_ ✓

6. reivl
   Qu'est-ce que c'est ?
   C'est _un livre_ ✓

7. cinauep
   Qu'est-ce que c'est ?
   C'est _un pinceau_ ✓

8. yoarcn-lleiat
   Qu'est-ce que c'est ?
   C'est _un taille-crayon_ ✓

9. eèlgr
   Qu'est-ce que c'est ?
   C'est _une règle_ ✓

10. bertalac
    Qu'est-ce que c'est ?
    C'est _un cartable_ ✓

1.11 Écoutez !

Écoutez et écrivez les fournitures scolaires. Mettez **un** ou **une** devant le mot.

Listen to and write down the classroom items. Put un or une in front of the word.

1. C'est _une gomme_ ✓

2. C'est _une porte_ ✓

3. C'est _une taille-crayon_ ✓

4. C'est _un livre_ ✓

5. C'est _une carte_ ✓

6. C'est _____ _____

7. C'est _____ _____

8. C'est _____ _____

9. C'est _____ _____

10. C'est _____ _____

Go to **page 3** of your *Chef d'œuvre* to complete Activité 2 : Mon cartable.

 ## Les verbes

As you learn French, you will meet lots of verbs. Verbs are needed to form sentences.

Verbs are action words (e.g. play, run, jump).

For example:
Je regarde la télévision.
I **watch** the television.

French verbs have one of three endings in their infinitive (basic) form:

- 'er' (e.g. **aimer**, to love)
- 'ir' (e.g. **finir**, to finish)
- 're' (e.g. **vendre**, to sell)

Most French verbs follow rules based on their endings – these are called regular verbs. Some verbs do not follow these rules – these are called irregular verbs. You will learn more about regular and irregular verbs in later chapters.

1 Bienvenue !

Les pronoms personnels

Before you can use verbs, you need to know the personal pronouns. Personal pronouns tell us who is doing an action (the subject of the sentence).

A pronoun is a word that stands in place of a noun – I, you, he/she, we, they. For example, instead of saying 'James works in the shop,' you could say '**He** works in the shop.' The pronoun 'he' replaces 'James'.

In French, the subject pronouns are:

je	I
tu	you (*one person/informal*)
il	he
elle	she
nous	we
vous	you (*more than one person/formal*)
ils	they (*masculine*)
elles	they (*feminine*)

Retenez !
Learn the pronouns well!

Tu …

'You'

There are two words for 'you' in French: **tu** and **vous**.

- **Tu** is used when talking to one person.
- **Vous** is used when talking to more than one person.

Vous …

Ils …

Ils …

Elles …

'They'

There are also two words for 'they': **ils** and **elles**.

- **Ils** is used when talking about males. It is also used when talking about males and females together.
- **Elles** is used when talking about females.

The pronoun 'on'

There is another pronoun that can be used in French: **on**. It is very useful as it can mean 'one', 'you', 'we' or 'someone'.

On is often used instead of **nous** in French. For example, **On joue au football** (we play football).

On is always treated the same way as **il** (he) and **elle** (she). For example, **il / elle / on joue au tennis**.

On joue au tennis.

EXERCICE 9

Reliez les nombres avec les lettres.
Match the numbers to the letters.

Je ...

1.	I	a.	elle
2.	you *(one person/informal)*	b.	vous
3.	he	c.	nous
4.	she	d.	ils
5.	we	e.	je
6.	you *(more than one person/formal)*	f.	elles
7.	they *(masculine)*	g.	tu
8.	they *(feminine)*	h.	il

1.	2.	3.	4.	5.	6.	7.	8.
e	g	h	a	c	b	d	f

Tu ou vous ?

You know that the personal pronouns **tu** and **vous** both mean 'you' and that they indicate one person or more than one person. There is also a cultural reason for which of these words is used in French.

- **Tu** is the informal 'you'. It is generally used to when speaking to a family member, a friend or someone your own age.

- **Vous** is a more polite 'you'. It is generally used when speaking to someone you do not know well, such as an adult not in your family or a group of people.

Tu ...

Vous ...

EXERCICE 10

Choisissez **tu** ou **vous** pour parler aux personnes suivantes.
Choose tu or vous for talking to the following people.

1. Your father. ___tu___
2. Your friend. ___tu___
3. A doctor. ___vous___
4. Your teacher. ___vous___

5. Your uncle. ___tu___
6. Your cousin. ___tu___
7. A policeman. ___vous___

I understand how personal pronouns are used.

Bienvenue ! 1

Les jours de la semaine

When you want to ask 'What day is it?' in French, you say **Quel jour sommes-nous ?**

The reply would be **Aujourd'hui, c'est ...** followed by **lundi, mardi, mercredi, jeudi, vendredi, samedi** or **dimanche**, depending on which day of the week it is!

Quel jour sommes-nous ?

Aujourd'hui, c'est jeudi.

Des mots clés

lundi	Monday	samedi	Saturday
mardi	Tuesday	dimanche	Sunday
mercredi	Wednesday	aujourd'hui	Today
jeudi	Thursday	jours	Days
vendredi	Friday	semaine	Week

Retenez !
Notice that the days of the week don't need a capital letter in French!

The following poem (**poème**) will help you remember the days of the week. Look up any words you don't know yet in the dictionary.

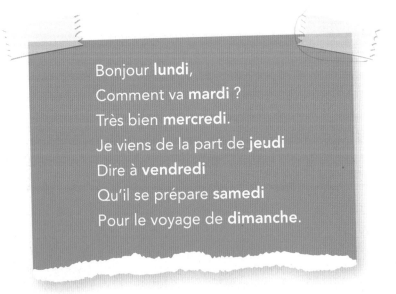

Bonjour **lundi**,
Comment va **mardi** ?
Très bien **mercredi**.
Je viens de la part de **jeudi**
Dire à **vendredi**
Qu'il se prépare **samedi**
Pour le voyage de **dimanche**.

1.12 Écoutez !
Track 13

Écoutez et répétez les jours de la semaine.
Listen to and repeat the days of the week.

EXERCICE 11

Remplissez les blancs pour trouver les jours de la semaine.
Fill in the blanks to find the days of the week.

1. m a r d i
2. v e n d r e d i
3. d i m a n c h e
4. s a m e d i

5. l u n d i
6. j e u d i
7. m e r c r e d i

EXERCICE 12

Quel est le jour de la semaine ?
Which day of the week?

1. Avant mardi c'est _lundi_
2. Après jeudi c'est _vendredi_
3. Après samedi c'est _dimanche_

4. Avant vendredi c'est _Jeudi_
5. Après dimanche c'est _lundi_
6. Avant mercredi c'est _mardi_

Des mots clés

| Avant | Before |
| Après | After |

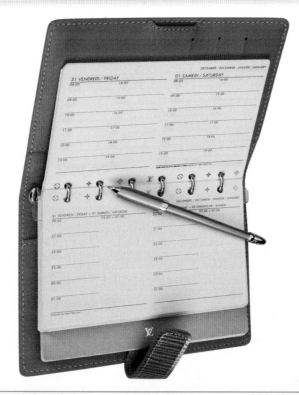

 I know the days of the week.

Go to **page 4** of your *Chef d'œuvre* to complete Activité 3 : Bande dessinée.

1 Bienvenue !

Les nombres de 1 à 19

Here are numbers 1 to 19 in French.

Les nombres de 1 à 19			
un	one	onze	eleven
deux	two	douze	twelve
trois	three	treize	thirteen
quatre	four	quatorze	fourteen
cinq	five	quinze	fifteen
six	six	seize	sixteen
sept	seven	dix-sept	seventeen
huit	eight	dix-huit	eighteen
neuf	nine	dix-neuf	nineteen
dix	ten		

[ka]
[seen]
[set]
[deesn]

[ka]
[k]

Retenez !
It is important that you learn to pronounce and spell the numbers correctly. Remember, practice makes perfect!

 1.13 Écoutez ! CD 1 Track 14

Écoutez et répétez les nombres de 1 à 19.
Listen to and repeat the numbers from 1 to 19.

The following song (**chanson**) will help you remember the first ten numbers. Look up any words you don't know yet in the dictionary.

Un, deux, trois,
Voici mes doigts.
Quatre, cinq, six,
J'en ai dix.

EXERCICE 13

Faites le calcul !
Do the maths!

1. un + un = _deux_

2. cinq + cinq = _dix_

3. dix + six = _seize_

4. huit + quatre = _douze_

5. quatorze – neuf = _cinq_

6. sept + sept = _quatorze_

7. douze – huit = _quatre_

8. dix-neuf – deux = _dix-sept_

9. seize – cinq = _onze_

10. quinze – treize = _deux_

Des mots clés

Plus   Plus (+)

Moins Minus (–)

Égal   Equals (=)

I know the numbers 1 to 19.

1 Bienvenue !

Le dossier francophone : La France

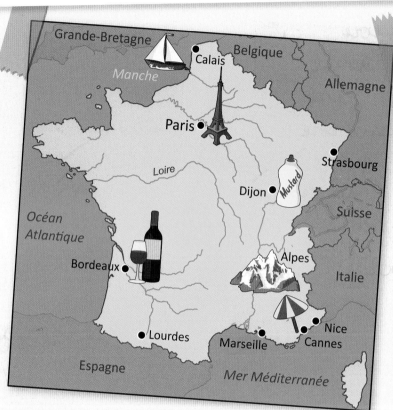

the flag

Le drapeau :

La capitale : Paris

C'est intéressant !

A well-known French proverb is **Paris ne s'est pas fait en un jour** – Paris wasn't made in a day.

La monnaie : L'euro

Des montagnes : Le Mont Blanc, le Grand Ballon, le Puy de Sancy, le Mont Chaberton

Des rivières : La Loire, la Seine, le Rhône, la Dordogne

Des sites touristiques : La Tour Eiffel, l'Arc de Triomphe, le Château de Versailles, la Cathédrale Notre-Dame de Reims

C'est intéressant !

The Statue of Liberty was given to the USA as a gift by France in 1886.

Des personnes célèbres : Coco Chanel (couturière), Marcel Marceau (mime), Auguste Rodin (sculpteur), Claude Monet (peintre), Marion Cotillard (actrice), Zinedine Zidane (joueur de football), Simone de Beauvoir (auteur)

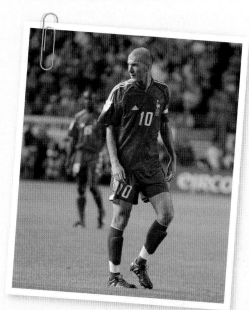

La nourriture :
Le fromage
(par exemple, Camembert,
Roquefort, Brie, Beaufort),
les baguettes, les crêpes,
les croissants, la tartiflette

C'est intéressant !

An average of two cookbooks are published every day in France!

Des fêtes : Le Carnaval de Nice (février), le Festival de Cannes (mai), le Festival de Carcassonne (juin-août), la Fête Nationale (14 juillet), la Fête des lumières, Lyon (décembre)

Go to **page 6** of your *Chef d'œuvre* to complete Activité 4 : La France et l'Irlande.

Bienvenue !

Résumé

EXERCICE A

Trouvez les mots dans la grille.
Find the words in the grid.

salut	bonjour	au revoir
bonsoir	bonne nuit	ça va
à bientôt	à demain	ça va mal
madame	monsieur	merci

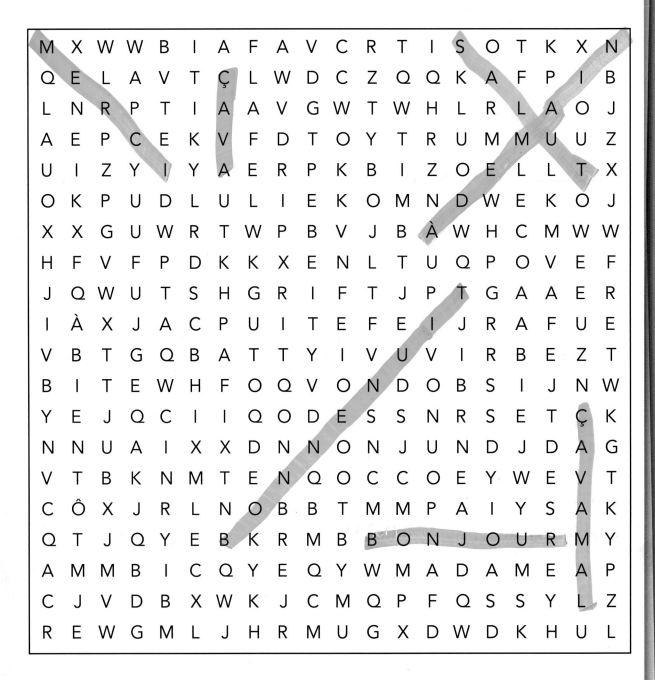

M X W W B I A F A V C R T I S O T K X N
Q E L A V T Ç L W D C Z Q Q K A F P I B
L N R P T I A A V G W T W H L R L A O J
A E P C E K V F D T O Y T R U M M U U Z
U I Z Y I Y A E R P K B I Z O E L L T X
O K P U D L U L I E K O M N D W E K O J
X X G U W R T W P B V J B À W H C M W W
H F V F P D K K X E N L T U Q P O V E F
J Q W U T S H G R I F T J P T G A A E R
I À X J A C P U I T E F E I J R A F U E
V B T G Q B A T T Y I V U V I R B E Z T
B I T E W H F O Q V O N D O B S I J N W
Y E J Q C I I Q O D E S S N R S E T Ç K
N N U A I X X D N N O N J U N D J D A G
V T B K N M T E N Q O C C O E Y W E V T
C Ô X J R L N O B B T M M P A I Y S A K
Q T J Q Y E B K R M B B O N J O U R M Y
A M M B I C O Y E Q Y W M A D A M E A P
C J V D B X W K J C M Q P F Q S S Y L Z
R E W G M L J H R M U G X D W D K H U L

EXERCICE B

Saluez vos amis en français.
Greet your friends in French.

1. Say hello to Erika.

   Bonjour, Erika ✓

2. Say hi to Paul.

   Salut, Paul ✓

3. Say good evening to Shauna.

   Bonsoir, Shauna ✓

4. Say see you soon to Anne.

   A' bientôt, Anne ✓

5. Say I'm fine, thanks.

   Je vais bien, merci ✓

6. Say goodnight to Mark.

   Bonne nuit, mark ✓

7. Ask Jeanne how she is feeling.

   Ça va Jeanne? ✓

 EXERCICE C

Placez les mots dans les colonnes qui conviennent.
Put the words into the correct columns.

salut ✓	vendredi ✓	écoutez ✓	bonjour ✓	bonsoir ✓
dimanche ✓	fermez vos livres ✓	bonne nuit ✓	levez-vous ✓	samedi ✓
lundi ✓	écrivez ✓	regardez ✓	à bientôt ✓	jeudi ✓

Les salutations	Les jours de la semaine	En classe
Salut ✓	dimanche ✓	écrivez ✓
bonjour ✓	lundi ✓	fermez vos livres ✓
bonsoir ✓	vendredi ✓	écoutez ✓
bonne nuit ✓	samedi ✓	regardez ✓
à bientôt ✓	jeudi ✓	levez-vous ✓

EXERCICE D

Mettez les jours de la semaine dans le bon ordre.
Put the days of the week in order.

| dimanche | lundi | mercredi | samedi | vendredi | mardi | jeudi |

1. Monday _lundi_
2. Tuesday _mardi_
3. Wednesday _Mecredi_
4. Thursday _Jeudi_
5. Friday _Vendredi_
6. Saturday _Samedé_
7. Sunday _dimanche_

 EXERCICE E

Écrivez les activités dans l'agenda.
Write the activities into the diary.

- Thursday: le football ✓
- Monday: le dentiste ✓
- Saturday: le tennis ✓
- Wednesday: la télévision ✓
- Tuesday: le cinéma ✓
- Friday: la discothèque ✓
- Sunday: visite chez les grands-parents ✓

Lundi	Vendredi
Le dentiste	la discothèque
Mardi	Samedi
Le cinéma	le tennis
Mercredi	Dimanche
la télévision	Visite chez les grands-parents
Jeudi	
le football	

 EXERCICE F

Quelles sont les matières préférées de Claire pour chaque jour ?
Can you figure out Claire's favourite subjects for each day?

lundi	mardi	mercredi	jeudi	vendredi	samedi
les maths ✓	la géographie	l'histoire ✓	le français ✓	la biologie ✓	le gaélique ✓

1. Monday: _maths_
2. Tuesday: _geography_
3. Wednesday: _history_
4. Thursday: _french_
5. Friday: _biology_
6. Saturday: _Irish_

C'est intéressant !

It's true! In France, some schools have classes on a Saturday. You will learn more about school in France in the next chapter.

EXERCICE G

Cochez les cases correctes.

Tick the correct boxes.

- Are the conversations taking place in the morning (a.m.) or later in the day (p.m.)?
- Are the people meeting or leaving each other?
- Are they likely to use **tu** or **vous**?

(For most, you won't be able to tick more than one or two boxes.)

	A.M.	P.M.	Meeting	Leaving	Tu	Vous
1. – À bientôt, maman. – À plus tard, Sophie.						
2. – Au revoir, monsieur Marnier. – Au revoir, monsieur le Président.						
3. – Bonjour, docteur. – Bonjour, madame.						
4. – Bonne nuit, papa. – Bonne nuit, Clare.						
5. – Salut, Pierre ! – Salut, Claude !						
6. – Bonsoir, monsieur Le Bec. – Bonsoir, madame Martin.						

Bienvenue !

EXERCICE H

Mettez les mots dans le bon ordre pour trouver les phrases.
Put the words in the right order to find the sentences.

1. merci va ça bien

Ça va bien merci

2. au Camille revoir

au revoir Camille

3. Élodie m'appelle je

Je m'appelle Élodie

4. Martin monsieur bonjour

bonjour monsieur Martin

5. madame bientôt à

à bientôt madame

6. nuit papa bonne

bonne nuit papa

7. Kildare à habite j'

J' habite à Kildare

EXERCICE I

Écrivez **tu** ou **vous** dans la bulle.
Write tu or vous in the speech bubble.

1.

4.

7.

2.

5.

8.

3.

6.

9.

EXERCICE J

Déchiffrez le code pour trouver les fournitures scolaires.
Crack the code to find the classroom items.

1 = A	2 = B	3 = C	4 = D	5 = E	6 = F	7 = G	8 = H	9 = I	10 = J
11 = K	12 = L	13 = M	14 = N	15 = O	16 = P	17 = Q	18 = R	19 = S	20 = T
21 = U	22 = V	23 = W	24 = X	25 = Y	26 = Z				

Example :

21 14 5   7 15 13 13 5 = une gomme

1. 21 14   19 20 25 12 15 = _____

2. 21 14 5   20 18 15 21 19 19 5 = _____

3. 21 14   3 18 1 25 15 14 = _____

4. 21 14 5   18 5 7 12 5 = _____

5. 21 14   12 9 22 18 5 = _____

6. 21 14   3 1 8 9 5 18 = _____

7. 21 14   20 1 9 12 12 5   3 18 1 25 15 14 = _____

8. 21 14   15 18 4 9 14 1 20 5 21 18 = _____

9. 21 14 5   3 1 18 20 5 = _____

10. 21 14   16 9 14 3 5 1 21 = _____

11. 21 14   3 1 18 20 20 1 2 12 5 = _____

12. 21 14   20 1 2 12 5 1 21 = _____

EXERCICE K

Par deux, posez des questions et répondez, chacun à votre tour.
In pairs, take turns to ask and answer the questions.

1. Comment tu t'appelles ?
2. Comment vas-tu ?
3. Où habites-tu ?
4. Quel jour sommes-nous ?

EXERCICE L

Entourez les nombres pairs et soulignez les nombres impairs.   *even= 2, 4, 6, 8, 10*
Circle the even numbers and underline the odd numbers.

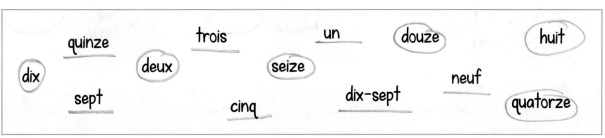

Go to **page 7** of your *Chef d'œuvre* to evaluate your learning in chapter 1.

Bienvenue !

Le texte authentique

Regardez la plaque puis répondez aux questions qui suivent.
Look at the plaque then answer the questions that follow.

MAIRIE DE LA PUYE

Horaires d'ouverture

Lundi, Mardi, Jeudi et Vendredi :
9h00 - 12h00
14h00 - 17h00

Fermée le Mercredi et Samedi

1. On what days is the office open?

2. On what days is the office closed?

3. Find the phrase that means 'opening hours'.

4. Find the word that means 'closed'.

5. Whose office is this?

6. Find La Puye on a map of France.

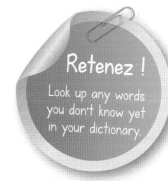

Retenez !

Look up any words you don't know yet in your dictionary.

Go to **educateplus.ie/resources/allons-y** to complete the interactive exercises for chapter 1.

2

L'école

J'étudie les chats.

Les matières scolaires

Like Irish students, French pupils have the opportunity to study lots of different school subjects (**matières scolaires**).

You can tell people what you study at school by saying <u>J'étudie</u> ... followed by the subject. For example, 'I study French' is **J'étudie le français**.   *i study*

What other subjects do you study?

English *masculine*	Irish	*masculine* German
l'anglais (m)	le gaélique	l'allemand (m)
masculine Spanish	*(m)* Geography	Maths
l'espagnol (m)	la géographie (F)	les maths
Technology *(F)*	PE	History
l'informatique (m)	l'éducation physique et sportive (l'EPS)	l'histoire (F)
Biology	Physics	Chemistry
la biologie	la physique	la chimie
Art	Business Studies	Religion
le dessin	le commerce	la religion
CSPE	Home Economics	Music
l'éducation civique (F)	les arts ménagers (M)	la musique

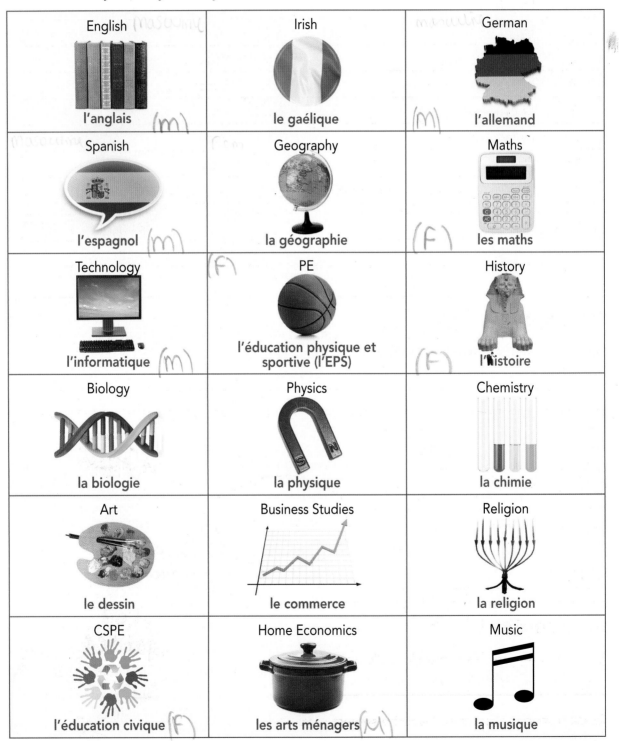

✓ I know the vocabulary for the school subjects.

T.G. le dessin graphique
woodwork = le travail du bois
science = les sciences

EXERCICE 1

Reliez les nombres avec les lettres.
Match the numbers to the letters.

1.	Le dessin	**a.**	Irish
2.	La musique	**b.**	German
3.	L'anglais	**c.**	Home Economics
4.	Le français	**d.**	History
5.	Le gaélique	**e.**	Religion
6.	Les maths	**f.**	PE
7.	L'allemand	**g.**	Music
8.	L'histoire	**h.**	French
9.	La géographie	**i.**	Art
10.	Les arts ménagers	**j.**	Maths
11.	La religion	**k.**	English
12.	L'éducation physique et sportive (EPS)	**l.**	Geography

1	2	3	4	5	6	7	8	9	10	11	12
i	g	k	h	a	j	b	d	l	c	e	f

2.1 Écoutez !

Écoutez et répétez les matières scolaires.
Listen to and repeat the school subjects.

The following phrases will help you give your opinion on school subjects (and other things!):

J'aime		I like
Je n'aime pas		I don't like
J'adore		I love
Je déteste		I hate

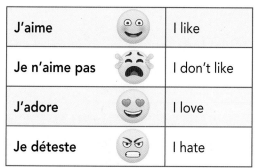

J'adore l'EPS !

2.2 Écoutez !

Écoutez et répétez les expressions d'opinion.
Listen to and repeat the opinion phrases.

To ask someone what their favourite subject is, you say
Quelle est ta matière préférée ?

The response is **Ma matière préférée est …** followed by the
name of your favourite subject. For example, **Ma matière préférée est le dessin.**

Les adjectifs

Adjectives are the words used to describe people, places and things (nouns). For example, 'The boy is **funny**.'

Understanding how adjectives work in French will help you to talk about why you like or dislike certain school subjects.

In French, adjectives are used differently than they are in English. The biggest difference is that the endings change depending on whether the noun being described is masculine, feminine or plural.

- To change an adjective from masculine singular to feminine singular, add an **–e**.

Masculine singular	Feminine singular
barbant	barbant**e**

- If an adjective already ends in the letter **–e**, there is no difference in the masculine singular and the feminine singular.

Masculine singular	Feminine singular
facile	facile

- To make an adjective plural, add an **–s**.

barbant**s** / barbant**es**
facile**s**

Retenez !

In French, the adjective generally comes after the noun it is describing.

Des mots clés

Ma matière préférée est …	My favourite subject is …	Difficile	Difficult
C'est	It is	Utile	Useful
Pourquoi ?	Why?	Inutile	Useless
Parce que	Because	Barbant(e)	Boring
Les devoirs	Homework	Intéressant(e)	Interesting
Facile	Easy		

EXERCICE 2

Remplissez la grille avec les adjectifs.

Fill in the table with the adjectives.

Masculine singular	Feminine singular	Masculine plural	Feminine plural
	utile		
		difficiles	
			intéressantes
barbant			

Je déteste le commerce parce que les devoirs sont difficiles.

EXERCICE 3

Utilisez les images pour écrire une phrase.
Use the pictures to write a sentence.

Exemple

parce que c'est int _ _ _ _ _ _ _ _ .

J'aime le dessin parce que c'est intéressant.

1.

parce que c'est f _ _ _ _ _ .

J'adore les maths parce que c'est Facile

2.

parce que c'est dif _ _ _ _ _ _ .

Je n'aime pas la géographie parce que c'est difficile

3.

parce que c'est ut _ _ _ .

J'aime les arts ménagers parce que c'est utile

4.

parce que c'est bar _ _ _ _ .

Je déteste la chimie parce que c'est barbant

2.3 Écoutez !
CD 1 Track 17

Écoutez les élèves et remplissez la grille.
Listen to the students and fill in the table.

Name	Likes	Dislikes	Favourite subject
Julie	English	physics	Home ec
Caroline	Religion	german	geography
Daniel	french	History	Technology
Paul	math	Irish	chemistry
Richard	art	music	PE

EXERCICE 4

Par deux, suivez les étapes ci-dessous pour parler des matières scolaires.
In pairs, follow the steps below to talk about school subjects.

1. Ask the person beside you what their favourite subject is (**Quelle est ta matière préférée ?**). Wait for their response (**Ma matière préférée est ...**).
2. Ask them why (**Pourquoi ?**). Wait for their response (**Parce que c'est ...**).

L'article défini

You met the indefinite article (**un**, **une** and **des**) in chapter 1. Now you will meet the definite article.

There are three different ways to say 'the' in French. Like the indefinite article, the definite article used depends on whether the noun is masculine, feminine or plural.

Gender	Definite article	Examples
Masculine	le	le livre (the book) *un* le stylo (the pen)
Feminine	la	la trousse (the pencil case) la chaise (the chair) *une*

As you can see, any noun with the indefinite article **un** (e.g. **un livre**) takes the definite article **le**, and any noun with the indefinite article **une** (e.g. **une trousse**) takes the definite article **la**.

If a noun begins with a vowel or a silent h, the **le** or **la** becomes **l'** (e.g. **l'ordinateur**).

 le livre
 la trousse
 l'ordinateur

When you are talking about more than one item, the definite article **les** is used.

Plural	les	les stylos (the pens) les crayons (the pencils)

 les stylos

We use the definite article when talking about our school subjects in French. For example, **J'étudie le français, j'étudie la géographie, j'étudie l'anglais** and **j'étudie les maths**.

 EXERCICE 5

Remplacez l'article indéfini par l'article défini.
Change the indefinite article to the definite article.

1. Une gomme. *la gomme*
2. Un stylo. *le gomme*
3. Une trousse. *la trousse*
4. Un cahier. *le cahier*
5. Un livre. *le livre*
6. Un cartable. *le cartable*
7. Des ciseaux. *les ciseaux*
8. Une porte. *la porte*
9. Une horloge. ~~*la horloge*~~ *l'horloge*
10. Des chaises. *les chaises*
11. Une fenêtre. *la fenêtre*
12. Des règles. *les règles*

EXERCICE 6

C'est masculin, féminin ou pluriel ? Placez les mots dans les colonnes qui conviennent.

Is it masculine, feminine or plural? Put the words in the correct columns.

~~anglais~~	histoire	~~géographie~~	~~religion~~
~~EPS~~	informatique	~~arts ménagers~~	~~gaélique~~
~~musique~~	~~dessin~~	~~maths~~	~~commerce~~
~~français~~	~~biologie~~	~~allemand~~	~~physique~~

Masculin	Féminin	Pluriel
le dessin Le français l'histoire l'EPS l'anglais l'allemand l'informatique ~~l'espagnol~~ le gaélique le commerce	La religion la géographie la physique la biologie la musique	Les maths Les arts ménagers

 I know how to use the definite article.

L'école en France

French children start pre-school (**l'école maternelle**) at the age of three. From there, they move on to primary school (**l'école primaire**) when they are six. They start to learn English in primary school.

When they are eleven, pupils (**les élèves**) begin secondary school (**le collège**). First year is called **la sixième** (sixth year), second year is called **la cinquième** (fifth year), and so on. This is the reverse of the Irish system as we move upwards towards sixth year. At the end of **la troisième**, students in France sit an exam similar to the Junior Certificate called **le brevet**.

After **le collège**, students go to **le lycée** for a further three years. The final exam when these years are complete is called **le baccalauréat** (**le bac** for short). This exam is equivalent to the Irish Leaving Certificate.

In France, all schools are a mix of male and female students (**les écoles mixtes**) and they do not wear a uniform (**un uniforme**). A teacher is usually called **le professeur**, although this is often shortened to **le prof** by students.

The school day (**la journée scolaire**) is generally longer than in Ireland. Lessons (**les cours**) start at 8 a.m. and finish at 5 p.m. Most schools have a half-day (**une demi-journée**) on Saturdays and some have a half-day on Wednesdays. Classes usually last one hour. This means that a French school timetable (**un emploi du temps**) looks a little different to an Irish school timetable.

Lunch (**le déjeuner**) is very important to the French and most school pupils have a three-course meal in the canteen (**la cantine**) every day!

2 L'école

Le verbe irrégulier être

In chapter 1, you learned that we need verbs (action words) to form sentences. You also found out that some verbs – known as irregular verbs – do not follow rules based on the letters they end in. This means that you must learn them well.

First, you will learn one of the most common French irregular verbs: **être** (to be).

Je suis	I am
Tu es	you are *(one person/informal)*
Il est	he/it is
Elle est	she/it is
On est	one is
Nous sommes	we are
Vous êtes	you are *(more than one person/formal)*
Ils sont	they are *(masculine)*
Elles sont	they are *(feminine)*

Retenez !
You will need to know the personal pronouns from chapter 1 when using verbs.

Nous sommes professeurs.

Je suis élève.

2.4 Écoutez !

Track 18

Écoutez et répétez le verbe **être**.
Listen to and repeat the verb être.

EXERCICE 7

Reliez les nombres avec les lettres.
Match the numbers to the letters.

1.	Elles		a.	suis
2.	Vous		b.	sommes
3.	Ils		c.	est
4.	Je		d.	sont
5.	Il / elle/ on		e.	es
6.	Tu		f.	êtes
7.	Nous		g.	sont

1.	2.	3.	4.	5.	6.	7.
d	f	g	a	c	e	b

 I know the verb être.

Décrire la personnalité

Using the verb **être** and adjectives, you will be able to form sentences in French that describe personality. For example, **Il est bavard** means 'He is chatty' and **Elle est bavarde** means 'She is chatty.'

Retenez !

Adjectives describing a feminine noun (or a female person) may need an extra 'e' and an adjective describing more than one person, place, or thing needs an 's'.

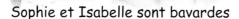

Sophie et Isabelle sont bavardes

Sympa	Friendly	Bavard(e)	Chatty
Timide	Shy	Content(e)	Content/Happy
Sensible	Sensitive	Strict(e)	Strict
Drôle	Funny	Intelligent(e)	Clever

C'est intéressant !

If your teacher tells you to pull your socks up she is asking you to try harder, not to pull up your actual socks!

The French language also includes these types of sayings, known as idioms (**des idiomes**). For example, **avoir des lettres** literally translates as 'to have letters' but it means 'to be well educated'.

EXERCICE 8

Traduisez les phrases en français.
Translate the sentences into French.

1. I am friendly.   Je suis sympa
2. You are funny.   Tu es Drôle
3. She is sensitive.   Elle est sensible
4. He is strict.   Il est strict
5. Marie is chatty.   Marie est Bavarde
6. Pierre is shy.   Pierre est timide
7. Chantelle and Annie are content.   Chantelle et Annie ~~somme~~ sont Contentes
8. James and Henry are friendly.   James et Harry ~~somme~~ sont sympas

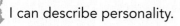 I can describe personality.

Le verbe irrégulier avoir

Like **être**, the verb **avoir** is irregular (it does not follow rules) so you will have to learn it well. You will use the verb **avoir** often when you are speaking French.

J'ai	I have
Tu as	you have *(one person/informal)*
Il a	he/it has
Elle a	she/it has
On a	one has
Nous avons	we have
Vous avez	you have *(more than one person/formal)*
Ils ont	they have *(masculine)*
Elles ont	they have *(feminine)*

When you talk about age in French, you will use the verb **avoir**.

To ask someone their age is **Quel âge as-tu ?** This literally translates as 'What age do you have?' The reply is **J'ai X ans** ('I have X years'). For example, 'I am thirteen' is **J'ai treize ans**.

Retenez !

The use of avoir when talking about age is a good reminder that you cannot translate directly from English to French!

2.5 Écoutez ! (CD 1 Track 19)

Écoutez et répétez le verbe **avoir**.
Listen to and repeat the verb avoir.

 EXERCICE 9

Traduisez les phrases en français.
Translate the sentences into French.

1. You are 4 years old. — Tu as quatre ans
2. I am 7 years old. — J'ai sept ans
3. He is 16 years old. — il a seize ans
4. We are 15 years old. — Nous avons quinze ans
5. She is 19 years old. — Elle a dix-neuf ans
6. Paul and Sinéad are 12 years old. — Paul et Sinéad ont douze ans
7. Lisa is 17 years old. — Lisa a dix-sept ans
8. Erika is 14 years old. — Erika a quatorze ans
9. Pierre is 5 years old. — Pierre a cinq ans
10. The student is 11 years old. — L'élève a onze ans

EXERCICE 10

Avoir ou **être** ? Remplissez les blancs avec le verbe qui convient.
Avoir or être? Fill in the blanks with the correct verb.

es	a	suis	as	est	ont	sont	sommes	avez	ai

1. Elles _____ trois ans.

2. Nous _____ bavards.

3. Je _____ timide.

4. J'_____ cinq stylos.

5. Il _____ le français jeudi.

6. Elle _____ élève.

7. Tu _____ la géographie mardi.

8. Ils _____ drôles.

9. Vous _____ douze ans.

10. Tu _____ sympa.

I know the verb avoir.

Go to **page 11** of your *Chef d'œuvre* to complete Activité 1 : La fleur des verbes.

Les anniversaires en France

In France, when the birthday boy or girl is presented with their cake, « **Joyeux anniversaire** » ('Happy Birthday') is sung to the same tune we sing it to in Ireland. Because some French schools are closed on a Wednesday afternoon, it is a popular time of the week to hold children's birthday parties.

Some French people get to celebrate their birth twice a year! This is because French children were once named after the saint whose feast day they were born on. Although this is no longer the case, some people still celebrate their name day.

For example, if your name is Emma you could celebrate your name day on 19 April every year. The greeting on a person's name day is **bonne fête !**

Find out if you have a French name day (lists of the names associated with each date can be found easily online). If so, you might be able to persuade people to buy you a gift (**un cadeau**) on your birthday and on your name day!

2 L'école

Les nombres de 20 à 31

You learned numbers 1 to 19 in chapter 1, but you may need to know how to count up to 31 so that you can tell people the date of your birthday.

Here are numbers 20 to 31 in French.

Les nombres de 20 à 31			
vingt	twenty	**vingt-six**	twenty-six
vingt et un	twenty-one	**vingt-sept**	twenty-seven
vingt-deux	twenty-two	**vingt-huit**	twenty-eight
vingt-trois	twenty-three	**vingt-neuf**	twenty-nine
vingt-quatre	twenty-four	**trente**	thirty
vingt-cinq	twenty-five	**trente et un**	thirty-one

2.6 Écoutez !

CD 1 Track 20

Écoutez et répétez les nombres de 20 à 31.
Listen to and repeat the numbers from 20 to 31.

EXERCICE 11

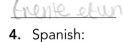

Écrivez le numéro de la classe en lettres.
Write the classroom number in letters.

Exemple

Biology:
vingt-cinq

1. Geography:
   vingt-huit

2. Irish:
   vingt-deux

3. Music:
   trente etun

4. Spanish:
   six

5. Art:
   quatroze

6. History:
   vingt etun

7. Maths:
   neuf

25
Biologie

14
Dessin

31
Musique

6
Espagnol

28
Géographie

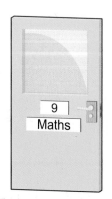

9
Maths

22
Gaélique

21
Histoire

 I know the numbers 20 to 31.

Les mois de l'année

To tell people the date of your birthday in French, you also need to know the months of the year.

JANVIER

Lun	Mar	Mer	Jeu	Ven	Sam	Dim
						1
2	3	4	5	6	7	8
9	10	11	12	13	14	15
16	17	18	19	20	21	22
23	24	25	26	27	28	29
30	31					

FÉVRIER

Lun	Mar	Mer	Jeu	Ven	Sam	Dim
	1	2	3	4	5	
6	7	8	9	10	11	12
13	14	15	16	17	18	19
20	21	22	23	24	25	26
27	28					

MARS

Lun	Mar	Mer	Jeu	Ven	Sam	Dim
	1	2	3	4	5	
6	7	8	9	10	11	12
13	14	15	16	17	18	19
20	21	22	23	24	25	26
27	28	29	30	31		

AVRIL

Lun	Mar	Mer	Jeu	Ven	Sam	Dim
					1	2
3	4	5	6	7	8	9
10	11	12	13	14	15	16
17	18	19	20	21	22	23
24	25	26	27	28	29	30

MAI

Lun	Mar	Mer	Jeu	Ven	Sam	Dim
1	2	3	4	5	6	7
8	9	10	11	12	13	14
15	16	17	18	19	20	21
22	23	24	25	26	27	28
29	30	31				

JUIN

Lun	Mar	Mer	Jeu	Ven	Sam	Dim
		1	2	3	4	
5	6	7	8	9	10	11
12	13	14	15	16	17	18
19	20	21	22	23	24	25
26	27	28	29	30		

JUILLET

Lun	Mar	Mer	Jeu	Ven	Sam	Dim
				1	2	
3	4	5	6	7	8	9
10	11	12	13	14	15	16
17	18	19	20	21	22	23
24	25	26	27	28	29	30
31						

AOÛT

Lun	Mar	Mer	Jeu	Ven	Sam	Dim
1	2	3	4	5	6	
7	8	9	10	11	12	13
14	15	16	17	18	19	20
21	22	23	24	25	26	27
28	29	30	31			

SEPTEMBRE

Lun	Mar	Mer	Jeu	Ven	Sam	Dim
				1	2	3
4	5	6	7	8	9	10
11	12	13	14	15	16	17
18	19	20	21	22	23	24
25	26	27	28	29	30	

OCTOBRE

Lun	Mar	Mer	Jeu	Ven	Sam	Dim
						1
2	3	4	5	6	7	8
9	10	11	12	13	14	15
16	17	18	19	20	21	22
23	24	25	26	27	28	29
30	31					

NOVEMBRE

Lun	Mar	Mer	Jeu	Ven	Sam	Dim
	1	2	3	4	5	
6	7	8	9	10	11	12
13	14	15	16	17	18	19
20	21	22	23	24	25	26
27	28	29	30			

DÉCEMBRE

Lun	Mar	Mer	Jeu	Ven	Sam	Dim
				1	2	3
4	5	6	7	8	9	10
11	12	13	14	15	16	17
18	19	20	21	22	23	24
25	26	27	28	29	30	31

Des mots clés

janvier	January	juillet	July
février	February	août	August
mars	March	septembre	September
avril	April	octobre	October
mai	May	novembre	November
juin	June	décembre	December

Retenez !

Notice that like the days of the week, the months of the year don't need a capital letter in French!

EXERCICE 12

Par deux, parlez de la date d'aujourd'hui.

In pairs, talk about today's date.

– Quelle est la date aujourd'hui ?	– C'est le [jour / mois].
– What date is it today?	– It's the [day/month].

2.7 Écoutez !

CD 1 Track 21

Écoutez et répétez les mois de l'année.

Listen to and repeat the months of the year.

I know the months of the year.

2 L'école

Les anniversaires

To ask someone what date their birthday is, you say **Quelle est la date de ton anniversaire ?** The response is **Mon anniversaire est le ...** followed by the date and year. For example, **Mon anniversaire est le 20 juin.**

In French, the first of the month is **le premier**. For example, **le premier mai** is the first of May.

> ### C'est intéressant !
> The first of April, April Fools' Day, is called **Poisson d'avril** in France. This translates as 'April fish'. On this day, it is traditional for children to stick paper fish on the backs of grown-ups without them realising!

EXERCICE 13

Reliez les noms avec les anniversaires.
Match the names to the birthdays.

Henri 20/9		**Claudine 1/12**	
Antoine 9/4		**Georges 15/1**	
Jean-Paul 12/8		**Pierre 14/7**	
Bernadette 17/2		**Solange 16/6**	

1. Le douze août _jean-paul_
2. Le quatorze juillet _Pierre_
3. Le premier décembre _Claudine_
4. Le dix-sept février _Bernadette_
5. Le quinze janvier _Georges_
6. Le seize juin _Solange_
7. Le neuf avril _Antoine_
8. Le vingt septembre _Henri_

EXERCICE 14

Remplissez la grille en posant les questions à quatre de vos camarades de classe.
Fill in the table by asking four of your classmates the questions.

	Exemple	1. _____	2. _____	3. _____	4. _____
Bonjour ! Ça va ?	Ça va bien.				
Comment tu t'appelles ?	Je m'appelle Jean.				
Quel âge as-tu ?	J'ai dix ans.				
Quelle est la date de ton anniversaire ?	Mon anniversaire est le 20 juin.				

EXERCICE 15

Traduisez les dates en français.
Translate the dates into French.

1. 3 August _trois Août_
2. 10 April _dix Avril_
3. 20 December _vingt decembre_
4. 14 March _quatroze mars_

5. 18 February _dix-huit Fevrier_
6. 11 October _onze Octobre_
7. 1 July _Premier juillet_
8. 6 January _six janvier_

 2.8 Écoutez !

Écoutez les gens et remplissez la grille.
Listen to the people and fill in the table.

Name	Age	Birthday
Nicole	13	27 March
Carole ✓	12 ✓	5 oct ✓
Charles	19 ✓	17 nov ✓
David ✓	11	1 Feb ✓
Olivier	15	13 April
Claude ✓	9 ✓	12 December
Brigette	16 ✓	14 may ✓

I know how to talk about birthdays.

Go to **page 101** of your *Chef d'œuvre* to fill in the second section of your Tout sur moi ! fact file.

Il y a

Il y a means 'there is' or 'there are'. Knowing this phrase will help you to describe things. For example, **Dans ma classe, il y a 30 élèves** ('In my class there are 30 pupils').

 EXERCICE 16

Par deux, parlez de votre trousse.
In pairs, talk about your pencil case.

– Qu'est-ce qu'il y a dans ta trousse ?	– In my pencil case there is …
– What is in your pencil case?	– Dans ma trousse, il y a …

EXERCICE 17

Écrivez ce qu'il y a dans chaque trousse. Commencez vos réponses par « Dans la trousse, il y a … ».
Write what is in each pencil case. Begin your answers with 'Dans la trousse, il y a …'

1. La trousse de Sophie

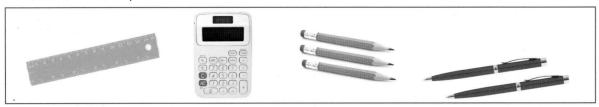

2. La trousse de Christophe

3. La trousse de Lucie

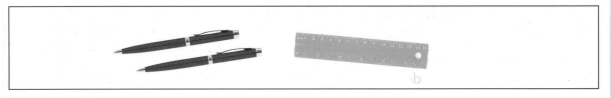

 ## 2.9 Écoutez !
CD 1
Track 23

Écoutez les élèves et complétez les phrases.
Listen to the students and complete the sentences.

1. Dans la trousse de Georges, il y a <u>3 pen, 2 pencil, calculater, rubber, sharpener</u>
<u>~~fic~~ five markers</u>
2. Dans la trousse de Sarah, il y a <u>3 pencil, 2 pens, 4 brushes, 3 rubbers, 2 ruler</u>
3. Dans la trousse de Patrick, il y a <u>calculater 3 scrors, 6 marker, 3 rubbers, 8 pens</u>
<u>2 sharpeners, 4 pencils</u>

 I know how to use Il y a.

EXERCICE 18

Remplissez les blancs avec les mots suivants.
Fill in the blanks with the following words.

devoirs	suis	mixte	français	profs	matières	école	neuf
	géographie	déteste	seize	préférée	stricts		

Salut ! Je m'appelle Virginie et j'ai _neuf_ ans. J'habite à Bordeaux. Je vais à une école _mixte_.

Il y a _seize_ cents élèves dans mon _école_. Moi, je _suis_ en première. Je fais six _matières_ cette

année. Ma matière _préférée_ est le _français_ et je _déteste_ la _géographie_. J'aime bien mon école.

Les _profs_ ne sont pas très _stricts_ mais ils nous donnent beaucoup de _devoirs_

EXERCICE 19

Lisez le passage sur Marie. Cherchez les mots **en gras**
dans votre dictionnaire, puis répondez aux questions.
Read the passage about Marie. Look up the words
in bold in your dictionary, then answer the questions.

Retenez !
Remember, you
do not need to
understand every
word to get the
answers!

Salut ! Je m'appelle Marie et je suis en classe
de troisième au collège St Louis à Lyon. Dans
ma classe, il y a vingt-six élèves – quatorze filles
et douze garçons. J'aime bien mon école et j'ai
beaucoup d'**amis** ici.

J'ai dix matières. Ma matière préférée est le
français. Je suis **forte** en français et **mes notes** sont
toujours bonnes. **Par contre**, je déteste la physique
parce que c'est difficile et le prof est trop strict.

Je travaille **dur** en ce moment parce que j'ai mon
brevet en juin. Je fais mes devoirs pendant trois
heures tous les soirs.

1. What class is Marie in?

2. How many boys are in Marie's class? 12

3. How many girls are in the class? 14

4. How many subjects does Marie study? 10

5. What is Marie's favourite subject and why? French because she strong in french and her notes are always good

6. Why does she not like physics? Its difficult and the teacher is strict

7. How long does she spend doing her homework every evening?

8. What is happening in June? 3 hours

2 L'école

Le dossier francophone : La Guadeloupe

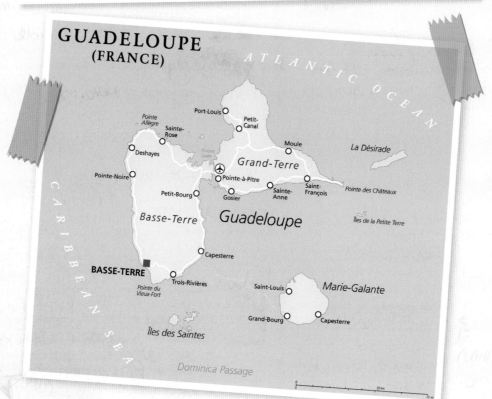

GUADELOUPE (FRANCE)

Le drapeau :

La capitale : Basse-Terre

La monnaie : L'euro

C'est intéressant !

This is the regional flag of Guadeloupe. As it is an overseas territory of France, the French Tricolore is Guadeloupe's national flag.

Des montagnes : La Soufrière, Morne Carmichael, L'Echelle

Des rivières : La Rivière Salèe, la Lézarde, la Grande Rivière des Vieux-Habitants

C'est intéressant !

Although Guadeloupe is in the Caribbean, it is in the European Union as it is officially part of France.

Des sites touristiques : Les chutes du Carbet (waterfall), le Parc National de la Guadeloupe, la Plage Caravelle

C'est intéressant !

Guadeloupe is made up of nine islands and boasts some of the most beautiful beaches in the world.

Des personnes célèbres :
Maryse Condé (auteur),
Mathieu Bastareaud (joueur de rugby),
Louis Saha (joueur de football),
Yoan Gouffran (joueur de football)

C'est intéressant !

Guadeloupe follows the French school system you learned about in this chapter.

La nourriture : Les fruits de mer, le cabri, le matété de crabes (hot crab curry)

C'est intéressant !

As well as French, Guadeloupeans speak English and Antillean Creole.

Des fêtes : Le Carnaval (février–mars), la Fête du Cabri (avril), la Fête du Crabe (avril), le Festival Terre de Blues (juin), la Fête des Cuisinières (juin)

2 L'école

Résumé

EXERCICE A

Trouvez les mots dans la grille.
Find the words in the grid.

allemand	dessin	gaélique	français
musique	maths	histoire	commerce
informatique	géographie	anglais	

```
J K E X P Q T Y P A D I D O Q I B X A Z
M H O B S A Z F F F R A U E A X M A Q B
F B L C N V W T R O K K G D E S S I N F
J J X T C R X E Z A K L T B A G A S O B
N N W R L Y W N S F N J K T P A L N G M
K X C F D D E Y J Y F Ç W N T É L P I N
I Q O T P G B V C Y X T A Q E L E A V O
V N R L X W É K C B M V V I U I M B A M
X M F D F C X O U J B B T G S Q A U K J
M V E O Y M O D G Q Z L T M R U N A S T
H D G M R T A M P R D G A W F E D F X J
O H K P J M N T M F A E A M U X K W L V
Q T R Y E A A E H E E P I U W G T W E Z
X T P Q Q R V T C S R K H S V Y Q U A V
U J G F A S F N I I B C I I O M Q S N S
Q K W I X J M V U Q O I E Q E Q D A G A
B W H Y G B W Z Y A U B G U X M K O L H
T P S C E Z I L D T C E Y E K Y E S A L
O L K H W H I S T O I R E R G Y F W I A
P W Z Q W U P Y X J C Q N E D M E X S F
```

EXERCICE B

Remplissez la grille de mots croisés avec les formes correctes du verbe **être**.
Fill in the crossword with the correct part of the verb être.

Horizontalement

4. They are (*masculine*)

6. We are

7. They are (*feminine*)

8. She is

9. I am

Verticalement

1. You are (*informal*)

2. You are (*more than one person/formal*)

3. He is

5. One is

EXERCICE C

Remettez les lettres dans le bon ordre pour trouver le jour ou le mois.
Unscramble the words to find the day or the month.

1. aim _____Mai_____

2. cdeeimrr _____Mercredi_____

3. vrnaiej _____janvier_____

4. dulni _____lundi_____

5. éefirrv _____Février_____

6. dedeinrv _____vendredi_____

7. niju _____juin_____

8. bretemeps _____septembre_____

9. otûa _____août_____

10. drami _____mardi_____

11. cadehimn _____dimanche_____

12. eujid _____jeudi_____

13. vrail _____avril_____

14. ejillut _____juillet_____

15. beemnorv _____novembre_____

16. sarm _____mars_____

17. adeims _____samedi_____

18. rotobec _____octobre_____

2 L'école

EXERCICE D

Remplissez la grille avec les formes correctes du verbe **avoir**.

Fill in the correct parts of the verb avoir.

J'	ai
Tu	as
Il	a
Elle	a
On	a
Nous	avons
Vous	Avez
Ils	ont
Elles	ont

 EXERCICE E (CD 1 Track 24)

Écoutez les élèves et remplissez les blancs.

Listen to the students and fill in the blanks.

1. Je m'_appelle_ Mia. J'ai _trieze_ ans et je vais au _collége_ St Louis. Je _suis_ en sixième. C'est une _école_ mixte avec _cinq_ cents élèves. J'aime le _commerce_ et l'_anglais_. Ma _matiee_ préférée est la _musique_ parce que mon _professeurs_ est très sympa.

2. Je m'appelle Thomas et j'ai _onze_ _ans_. Je vais à l'_école_ primaire. J'_aime_ mon école mais je n'aime _pas_ les _avoir_. Je _deteste_ mon uniforme scolaire. Ma matière _préférée_ est le _dessin_. Je n'aime pas la _geographie_.

EXERCICE F

Reliez les nombres avec les lettres.
Match the numbers to the letters.

1.	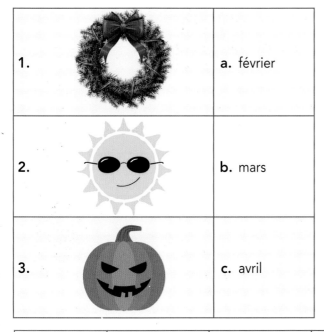	a. février	4.		d. août
2.		b. mars	5.		e. décembre
3.		c. avril	6.		f. octobre

1.	2.	3.	4.	5.	6.

 EXERCICE G

Déchiffrez le code pour trouver un mois.
Crack the code to find a month.

1 = A	2 = B	3 = C	4 = D	5 = E	6 = F	7 = G	8 = H	9 = I	10 = J
11 = K	12 = L	13 = M	14 = N	15 = O	16 = P	17 = Q	18 = R	19 = S	20 = T
21 = U	22 = V	23 = W	24 = X	25 = Y	26 = Z				

1. 14 15 22 5 13 2 18 5   Novembre

2. 10 21 9 12 12 5 20   Juillet

3. 1 15 21 20   Aout

4. 10 1 14 22 9 5 18   Janvier

5. 10 21 9 14   Juin

6. 1 22 18 9 12   AVRIL

7. 6 5 22 18 9 5 18   FEVrier

8. 13 1 9   Mai

9. 4 5 3 5 13 2 18 5   Decembre

10. 13 1 18 19   Mars

2 L'école

EXERCICE H

Traduisez les nombres en français.
Translate the numbers into French.

1. Twenty   Vingt
2. Thirty   trente
3. Seventeen   dix-sept
4. Twenty-one   Vingt et un
5. Six   six
6. Twenty-seven   vingt-sept
7. Eighteen   dix-huit
8. Thirty-one   trente et un
9. Eleven   onze
10. Nineteen   dix-neuf

EXERCICE I

Complétez les phrases avec le verbe **avoir** ou le verbe **être** et traduisez-les en anglais.
Complete the phrases with the verb avoir or the verb être and translate them into English.

1. _____ dix-huit ans. _____

2. Shane _____ deux livres et trois stylos. _____

3. Tu _____ en sixième. _____

4. Nous _____ sympas. _____

5. Je _____ professeur. _____

6. Seana _____ neuf ans. _____

7. Vous _____ élèves. _____

8. Mark _____ professeur. _____

9. Ils _____ dix cahiers et trois crayons. _____

10. Le prof _____ trop strict. _____

EXERCICE J

Écoutez Robert et répondez aux questions en anglais.
Listen to Robert and answer the questions in English.

1. What age is Robert?
2. What is the name of his school?
3. Is it a school for boys, girls or both?
4. How many students are in Robert's class?
5. What day of the week does Robert have a half-day?
6. How many subjects does Robert study?
7. What is his favourite subject?
8. What is the subject that he does not like?

Go to **page 15** of your *Chef d'œuvre* to evaluate your learning in chapter 2.

2 L'école

Le texte authentique

Regardez l'emploi du temps et répondez aux questions qui suivent.
Look at the school timetable and answer the questions that follow.

JOURS	LUNDI	MARDI	MERCREDI	JEUDI	VENDREDI	SAMEDI
08h00–08h05	APPEL					
08h05–09h00	Anglais	Allemand	Dessin	Dessin	Anglais	Sciences
09h00–09h55	Maths	Anglais	Musique	Allemand	Français	Maths
09h55–10h05	PAUSE					
10h05–11h00	Musique	Informatique	Dessin	Français	EPS	Sport
11h00–12h00	Français	EPS	Maths	Géographie	Allemand	Piscine
12h00–14h00	DÉJEUNER					
14h00–15h00	Histoire	Français		Histoire	Étude	EPS
15h00–16h00	Sciences	EPS		Étude	Géographie	
16h00–17h00	Dessin	Géographie		Anglais	Maths	

1. What time do the classes start at and finish at on a Monday?

2. What do you think **appel** is in the mornings?

3. Look up the words **étude** and **piscine** in your dictionary to find out what these periods are.

4. How many times a week does this student have PE?

5. What subject does this student have from 3 p.m. to 4 p.m. on a Friday?

6. On what days of the week does this student have English?

Go to **page 14** of your *Chef d'œuvre* to complete Activité 2 : Mon emploi du temps.

 Go to **educateplus.ie/resources/allons-y** to complete the interactive exercises for chapter 2.

Ma famille et moi

Dans ce chapitre, vous allez étudier :
In this chapter, you will study:

Grammaire
Grammar

Culture
Culture

Les descriptions physiques

In chapter 2, you found out how to describe personality.
Now you will learn how to describe appearance.

The following tables will help you give a
physical description of yourself and others.

Les yeux		
J'ai Il a Elle a	les yeux	bleus verts gris marron noisette

no s

Je porte des lunettes.

I wear glasses

I dye my hair

Je me teins les cheveux.

Les cheveux			
J'ai Il a Elle a	les cheveux	blonds bruns châtains roux gris noirs	longs mi-longs courts	frisés ondulés raides

I have a beard

J'ai une barbe !

La taille	
Je suis Il est Elle est	grand(e) petit(e)

Je suis grand.

Je suis petite.

3.1 Écoutez ! CD 1 Track 26

Écoutez et répétez les
descriptions physiques.
Listen to and repeat the
physical descriptions.

Des mots clés

Les yeux	Eyes	Noirs	Black
Bleus	Blue	Frisés	Curly
Verts	Green	Ondulés	Wavy
Gris	Grey	Raides	Straight
Marron *-eye*	Brown	Longs	Long
Noisette	Hazel	Mi-longs	Mid-length
Je porte des lunettes	I wear glasses	Courts	Short
Les cheveux	Hair	Je me teins les cheveux	I dye my hair
Blonds	Blonde	La taille	Height
Bruns *- hair*	Brown	Grand(e)	Tall
Châtains	Auburn	Petit(e)	Small
Roux	Red	Une barbe	Beard
		Une moustache	Moustache

EXERCICE 1

Par deux, parlez de vos descriptions physiques.
In pairs, talk about your physical descriptions.

– De quelle couleur sont tes yeux ?
– What colour are your eyes?

– J'ai les yeux …
– My eyes are …

– De quelle couleur sont tes cheveux ?
– What colour is your hair?

– J'ai les cheveux …
– My hair is …

EXERCICE 2

Remplissez les blancs, puis traduisez les phrases en anglais.
Fill in the blanks, then translate the sentences into English.

cheveux	~~ai~~	courts	elle	et	blonds	a	frisés	les	marron	raides

1. J'ai les _cheveux_ longs et _blonds_. *J'ai les cheveux longs et blonds*

2. J'_ai_ les cheveux blonds, _courts_ et raides. *J'ai les cheveux blonds, courts et raides*

3. J'ai _les_ cheveux roux _et_ frisés. *J'ai les cheveux roux et frisés*

4. J'ai les cheveux noirs et _raides_. *J'ai les cheveux noirs et raides*

5. Il _a_ les cheveux roux. *il a ~~the~~ les cheveux roux*

6. _elle_ a les cheveux _marron_. *elle a les cheveux marron*

EXERCICE 3

Décrivez les personnes.
Describe the people.

1. Camille

Camille a les cheveux bruns et ondulés. Elle a les yeux marron.

2. Armand

Armand a les cheveux gris et courts. ~~les yeux~~ Il a une moustache. Il porte des lunettes.

3. Solène

Solène a les cheveux ~~les cheve~~ blonds et mi-longs et raides. Elle a les yeux bleu. Elle porte des lunettes.

4. Mélodie

Mélodie a les cheveux noir et raides. Elle a les yeux marron.

5. Laurent

Laurent a les cheveux roux et courts. Il a les yeux marron.

6. Théo

Théo a les yeux vert et il a une barbe.

Go to **page 19** of your *Chef d'œuvre* to complete Activité 1 : Dessinez les visages.

3 Ma famille et moi

3.2 Écoutez !

CD 1 Track 27

Écoutez les gens et remplissez la grille.
Listen to the people and fill in the table.

Name	Birthday	Eyes	Hair
Emma			
Justin			
Jeffrey			
Henri			
Karen			

EXERCICE 4

Décrivez-vous comme si vous étiez l'un d'entre eux.
Describe yourself as if you were these people.

Exemple

Delphine: tall, brown eyes, red hair. Birthday: 12 December.

Je m'appelle Delphine. Je suis grande. J'ai les yeux bruns et

les cheveux roux. Mon anniversaire est le 12 décembre.

1. Paul: small, blue eyes, black hair. Birthday: 9 July.

   Je m'appelle paul . mon anniversaire est le 9 juillet. J'ai
   le yeux bleu et J'ai a les cheveux noir. Je suis petit

2. Caroline: tall, brown eyes, brown hair. Birthday: 15 March.

   Je m'appelle caroline .ma anniversaire est 15 mars.
   J'ai les yeux marron et J'ai a les cheveux pa tu bruns
   J'ai Je suis grande

3. James: tall, grey eyes, blonde hair. Birthday: 7 May.

   Je m'appelle James. Je suis grand. J'ai les yeux gris.
   J'ai a les cheveux blonds. mon anniversaire 7 mai

4. Fred: small, green eyes, grey hair. Birthday: 5 August.

   Je m'appelle fred. Je suis petit J'ai les yeux vert. J'ai a
   les cheveux gris. Mon anniversaire cinq Août

5. Julie: tall, blue eyes, red hair. Birthday: 17 January.

   Je m'appelle Julie. Je suis grande. J'ai a les yeux bleu. J'ai
   a les cheveux roux. mon aniversaire dix-sept Janvier

 I can describe physical appearance.

La carte d'identité

Most French citizens carry a national identity card – la **carte nationale d'identité sécurisée** (CNIS). These cards include the holder's photograph, first name (**prénom**), surname (**nom de famille**), where they live (**domicile**), date of birth, gender, height (**taille**) and signature.

The cards are used to prove the holder's identity, such as when they are opening a bank account (**un compte bancaire**). They can also be used in place of a passport (**un passeport**) for travel in Europe and to some French territories outside Europe. They are valid for fifteen years.

RÉPUBLIQUE FRANÇAISE		
CARTE NATIONALE D'IDENTITÉ Nº:		Nationalite Française
Nom :	METROPE	
Prénom(s) :	LAURENT	
Domicile :	CLUNY	
Sexe :	M	Né(e) le : 26.07.2004
Taille :	1m57	
Signature du titulaire :	*Laurent Metrope*	

Go to **page 20** of your *Chef d'œuvre* to complete Activité 2 : Ma carte d'identité.

La forme négative des verbes

To put a verb in the negative form, two words are added: **ne** and **pas**. Ne goes in front of the verb and **pas** comes after the verb. For example, **Je suis** (I am) becomes **Je ne suis pas** (I am not).

If the verb starts with a vowel (a, e, i, o, u) or h, the **ne** loses the 'e' and becomes n'. For example, **J'aime** (I like) becomes **Je n'aime pas** (I don't like).

La forme négative d'être

The following table shows all the parts of the verb **être** in the negative form.

Je ne suis pas	I am not
Tu n'es pas	you are not (*one person/informal*)
Il n'est pas	he/it is not
Elle n'est pas	she/it is not
On n'est pas	one is not
Nous ne sommes pas	you are not
Vous n'êtes pas	you are not (*more than one person/formal*)
Ils ne sont pas	they are not (*masculine*)
Elles ne sont pas	they are not (*feminine*)

Je suis drôle.

Je ne suis pas drôle.

3 Ma famille et moi

3.3 Écoutez !

Écoutez et répétez la forme négative des verbes **être** et **avoir**.
Listen to and repeat the negative form of the verbs être and avoir.

EXERCICE 5

Remplissez les blancs avec la forme négative du verbe **avoir**.
Fill in the blanks with the negative form of the verb avoir.

Je n'ai pas	I do not have
Tu n as *pas*	you do not have
Il n'a pas	he/it does not have
Elle n' a *pas*	she/it does not have
On n'a pas	one does not have to
Nous n' *avons pas*	you do not have
Vous n' *avez pas*	you do not have (more than one person/formal)
Ils n' ont **pas**	they do not have (masculine)
Elles n'ont *pas*	they do not have (feminine)

EXERCICE 6

Mettez les phrases suivantes à la forme negative.
Put the sentences in the negative form.

1. Il est sympa. — *Il n'est pas sympa*
2. Elle est petite. — *Elle n'est pas petite*
3. Nous sommes bavardes. — *Nous ne sommes bavardes*
4. Vous êtes drôle. — *Vous n'êtes pas drôle*
5. Ils sont timides. — *Ils ne sont pas timides*
6. Il aime le gaélique. — *Il n'aime pas le gaélique*
7. Elle aime l'histoire. — *Elle n'aime pas l'histoire*
8. Tu as neuf crayons. — *Tu n'as pas neuf crayons*
9. Il a les cheveux bruns. — *Il n'a pas les cheveux bruns*
10. Nous avons les yeux bleus. — *Nous n'avons pas le yeux bleus*

> Je n'ai pas les yeux verts. J'ai les yeux bleus.

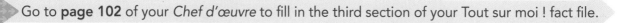

Go to **page 102** of your *Chef d'œuvre* to fill in the third section of your Tout sur moi ! fact file.

I can put verbs in the negative form.

Les nombres de 32 à 50

You already know numbers 1 to 31. Here are numbers 32 to 50 in French.

Les nombres de 32 à 50					
trente-deux	thirty-two	**trente-neuf**	thirty-nine	**quarante-six**	forty-six
trente-trois	thirty-three	**quarante**	forty	**quarante-sept**	forty-seven
trente-quatre	thirty-four	**quarante et un**	forty-one	**quarante-huit**	forty-eight
trente-cinq	thirty-five	**quarante-deux**	forty-two	**quarante-neuf**	forty-nine
trente-six	thirty-six	**quarante-trois**	forty-three	**cinquante**	fifty
trente-sept	thirty-seven	**quarante-quatre**	forty-four		
trente-huit	thirty-eight	**quarante-cinq**	forty-five		

3.4 Écoutez ! CD 1 Track 29

Écoutez et répétez les nombres de 32 à 50.
Listen to and repeat the numbers from 32 to 50.

Les numéros de téléphone français

When we say or write our telephone numbers in Ireland, we usually do so digit by digit. In France, numbers are taken in pairs to make double digits. For example, the telephone number 12 20 10 23 19 would be **douze, vingt, dix, vingt-trois, dix-neuf**.

French telephone numbers generally have 10 digits (so, five pairs).

3.5 Écoutez ! CD 1 Track 30

Écrivez les numéros de téléphone que vous entendez.
Write the telephone numbers that you hear.

1. Alain: ___14 25 13 30 10___   4. Georgine: _____
2. Simone: ___15 22 16 45 23___   5. Felix: _____
3. Olivier: ___17 42 27 09 28___   6. Maude: _____

EXERCICE 7

1. quarante-neuf 2. trente-huit 3. vingt-sept
4. quarante-trois 5. quarante-six 6. trente-deux
7. vingt-sept 8. quarante-six 9. quinze 10. cinquante

Faites le calcul !
Do the maths!

1. dix-huit + trente et un = ___49___   7. trente-neuf – douze = ___27___
2. cinquante – douze = ___38___   8. quatorze + trente-deux = ___46___
3. quinze + trente – dix-huit = ___27___   9. quarante-huit – trente-trois = ___15___
4. trente-neuf + quatre = ___43___   10. vingt + trente = ___50___
5. vingt-sept + dix-neuf = ___46___
6. seize + seize = ___32___

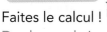 I know the numbers 32 to 50.

3 Ma famille et moi

Le présent et les verbes réguliers en -er

The most common tense in French is the present tense.

There is only one present tense in French. It can be translated in two ways:

1. Something happening right now (e.g. **Je chante**: **I am** singing).

2. Something that happens in general (e.g. **Je chante**: **I sing**).

You are already familiar with the present tense of the irregular verbs **être** and **avoir**. Unlike these verbs, regular –er verbs follow a set of rules:

1. Choose the personal pronoun (je, tu, il, etc.).

2. ~~Chop –er off the verb.~~

3. ~~Add the correct ending.~~ These are shown in the table below.

Je	–e	Il	–e	On	–e	Vous	–ez	Elles	–ent
Tu	–es	Elle	–e	Nous	–ons	Ils	–ent		

Let's look at an example using the regular –er verb **chanter** (to sing).

Chanter	
Je chante	I sing
Tu chantes	you sing (*one person/informal*)
Il chante	he sings
Elle chante	she sings
On chante	one sings
Nous chantons	we sing
Vous chantez	you sing (*more than one person/formal*)
Ils chantent	they sing (*masculine*)
Elles chantent	they sing (*feminine*)

When you know the rules, you can apply them to any regular –er verb. Below is a list of some helpful verbs that end in –er. You have already met some of them!

danser	to dance	écouter	to listen to	penser	to think
aimer	to like/love	regarder	to look at	habiter	to live
adorer	to adore/love	chercher	to look for	donner	to give
travailler	to work	trouver	to find	demander	to ask
porter	to wear/carry	arriver	to arrive	louer	to rent/hire
parler	to speak	jouer	to play	tomber	to fall
bavarder	to chat	aider	to help		
visiter	to visit (a place)	montrer	to show		

3.6 Écoutez !

Écoutez et répétez les verbes réguliers en –er **aimer** et **écouter**.

Listen to and repeat the regular –er verbs aimer and écouter.

EXERCICE 8

Complétez les verbes réguliers –er avec les bonnes terminaisons.
Complete the regular –er verbs with the right endings.

1.

Habiter	
j'habite	nous habitons
tu habit*es*	vous habit*ez*
il habit*e*	ils habit*ent*
elle habit*e*	elles habit*ent*
on habit*e*	

2.

Parler	
je parl*e*	nous parl*ons*
tu parl*es*	vous parl*ez*
il parl*e*	ils parl*ent*
elle parl*e*	elles parl*ent*
on parl*e*	

EXERCICE 9

Reliez les nombres avec les lettres.
Match the numbers to the letters.

1. Chanter	a.
to sing	
2. Visiter	b.
to visit	
3. Écouter	c.
to listen	
4. Porter	d.
to wear/ carry	
5. Aider	e.
to help	
6. Jouer	f.
to play	

7. Regarder	g.
to watch	
8. Penser	h.
to think	
9. Habiter	i.
to live	
10. Travailler	j.
to work	
11. Aimer	k.
to love	

1.	2.	3.	4.	5.	6.	7.	8.	9.	10.	11.
i	e	j	g	a	h	k	f	c	b	d

EXERCICE 10

Ajoutez la bonne terminaison du verbe pour compléter les phrases.
Add the correct verb ending to complete the sentences.

1. Je visit_*e* la Tour Eiffel.
2. Ils jou_*ent* au foot.
3. Vous habit_*ez* à Dublin.
4. Nous port_*ons* un uniforme scolaire.
5. Elle travaill_*e* à l'école.
6. Je parl_*e* le français et l'anglais.
7. Nous regard_*ons* la télévision.
8. Ils bavard_*ent* en classe.
9. Tu cherch_*es* ton chien.
10. Ils tomb_*ent* amoureux.

 I know the rules for regular –er verbs.

Ma famille et moi

Les membres de la famille

Ma grand-mère

Mon grand-père

Mon père

Ma tante

Mon oncle

Ma mère

Ma cousine

Ma sœur

Moi

Mon frère

Mon cousin

Des mots clés

La famille	Family	Le frère	Brother	La cousine	Cousin (feminine)
Le père	Father	L'oncle	Uncle	Le grand-père	Grandfather
La mère	Mother	La tante	Aunt	La grand-mère	Grandmother
Le mari	Husband	Le neveu	Nephew	Les grands-parents	Grandparents
La femme	Wife	La nièce	Niece	La belle-mère	Stepmother
Les parents	Parents	Le fils	Son	Le beau-père	Stepfather
L'enfant	Child	La fille	Daughter	La demi-sœur	Step-sister
La sœur	Sister	Le cousin	Cousin (masculine)	Le demi-frère	Step-brother

3.7 Écoutez !

CD 1 Track 32

Écoutez et répétez les membres de la famille.
Listen to and repeat the family members.

EXERCICE 11

Trouvez le membre de la famille.
Work out the family member.

1. La sœur de mon père est ma ___tante___

2. Le fils de mon oncle est mon ___cousin___

3. Le mari de ma tante est mon ___oncle___

4. La fille de ma sœur est ma ___cousine___

5. Le fils de mon père et ma mère est mon ___frère___

6. Le père de ma mère est mon ___grand-père___

EXERCICE 12

Trouvez les contraires.
Find the opposites.

1.	tante	a.	parent
2.	fils	b.	frère
3.	enfant	c.	grand-mère
4.	neveu	d.	fille
5.	cousin	e.	oncle
6.	grand-père	f.	cousine
7.	sœur	g.	nièce

1.	2.	3.	4.	5.	6.	7.
e.	d	a	g	f	c	b

EXERCICE 13

Mettez les mots dans le bon ordre pour trouver les phrases.
Put the words in the right order to find the sentences.

1. Georges, m', je, appelle. *Je m'appelle Georges*
2. douze, elle, ans, a. *elle a douze ans*
3. frères, a, trois, il. *il a trois frères*
4. demi, deux, as, sœurs, tu. *tu as deux demi-sœurs*
5. Alain, s', beau, mon, appelle, père. *mon beau-père s'appelle Alain*
6. les, a, il, bleus, yeux, gris, et, les, cheveux. *il les a yeux bleu et les cheveux gris*
7. tantes, j', trois, oncles, deux, ai, et. *J'ai trois oncles et deux tantes*
8. Antoine, cinq, il, mon, s', ans, appelle, frère, a. *Mon frère s'appelle Antoine il a cinq ans*
9. Alice, treize, elle, ma, ans, appelle, sœur, a, s'. *Ma sœur s'appelle Alice elle a treize ans*

3.8 Écoutez !

Écoutez Marc et remplissez la grille avec l'âge de chaque membre de sa famille.
Listen to Marc and fill in the table with the age of each member of his family.

Marc	16	Sister Claire	23	Aunt Brigitte	36
Father	50	Brother Daniel	14	Cousin Carine	12
Mother	49	Uncle Patrick	48	Cousin Max	10

Go to **page 21** of your *Chef d'œuvre* to complete Activité 3 : Mon arbre généalogique.

Des mots clés

Une fille unique Only child (f.)	La cadette The youngest (f.)	L'aîné(e) The oldest
Un fils unique Only child (m.)	Le cadet The youngest (m.)	

Poser des questions

You've already learned how to ask a number of questions in French. It's useful to know the different ways that questions can be formed from statements.

- The simplest way to ask a question is to change your **tone** by raising your voice at the end of a statement.

  Statement: Tu as des frères et sœurs.
  Question: Tu as des frères et sœurs ?

- A question can also be formed by switching the order of the verb and the subject of the statement. This is called **inversion**.

  Statement: Tu as des frères et sœurs.
  Question: As-tu des frères et sœurs ?

  Statement: C'est mon père.
  Question: Est-ce mon père ?

- A more informal way of forming a question is by putting the words **Est-ce que** before a statement.

  Statement: Tu as des frères et sœurs.
  Question: Est-ce que tu as des frères et sœurs ?

Retenez !

When using inversion to form a question, a hyphen must be placed between the verb and the subject.

Retenez !

Remember to add a question mark when you turn a statement into a question!

3.9 Écoutez !

Écoutez la phrase et les questions.
Listen to the statement and the questions.

EXERCICE 14

Transformez les phrases en questions.
Turn the statements into questions.

	Tone	Inversion	Est-ce que ...
Tu as des cousins.			
Tu es un enfant unique.			
C'est ta mère.			
Vous êtes l'aîné.			
Tu aimes chanter.			

 I know how to ask questions.

EXERCICE 15

Lisez la lettre de Lucie et répondez aux questions en anglais.
Read Lucie's letter and answer the questions in English.

Retenez !

Pay attention to the layout of an informal letter. Note the date, the opening and the sign-off.

Cannes, le 2 juin

Chère Isabelle,

Comment ça va ? Moi, ça va très bien. J'ai douze ans et mon anniversaire, c'est le 1er juillet. Quel âge as-tu ?

Où habites-tu ? J'habite à Cannes dans le sud de la France.

Nous sommes trois. Il y a mon père, ma mère et moi.

Je suis fille unique. As-tu des frères ou des sœurs ?

Ma mère a quarante-trois ans et elle est assez grande. Elle a les cheveux bruns et frisés et les yeux marron. Ma mère est assez sympa, mais quelquefois énervante. Mon père est grand et il est très drôle !

Ecris-moi bientôt,

Lucie

1. How old is Lucie?

2. When is Lucie's birthday?

3. Where does Lucie live?

4. Does Lucie have brothers or sisters?

5. How old is Lucie's mother?

6. What colour hair and eyes does Lucie's mother have?

7. Describe Lucie's mother's personality.

8. What does Lucie say about her father?

Retenez !

Note that the letters o and e in the word sœur (sister) are joined together. This is called a ligature and it tells us that the two vowels should be pronounced as a single sound. It appears in other common French words, such as cœur (heart), œil (eye), œuf (egg), bœuf (beef) and œuvre (artwork).

3 Ma famille et moi

Go to **page 23** of your *Chef d'œuvre* to complete Activité 4 : Chère Lucie.

3.10 Écoutez !

Écoutez les gens et remplissez les grilles.
Listen to the people and fill in the tables.

1.

Name	
Age	
Birthday	
Hair	
Eyes	
Number of brothers and sisters	
Favourite subject	

2.

Name	
Age	
Birthday	
Hair	
Eyes	
Number of brothers and sisters	
Favourite subject	

 EXERCICE 16

Remplissez la grille en posant les questions à trois de vos camarades de classe.
Fill in the table by asking three of your classmates the questions.

	Moi	1. _____	2. _____	3. _____
Comment tu t'appelles ?	Je m'appelle _____	Il / elle s'appelle _____		
Quel âge as-tu ?	J'ai ____ ans	Il / elle a __ ans		
Quelle est la date de ton anniversaire ?	C'est le _____ _____	C'est le _____ _____		
As-tu des frères ou des sœurs ?	J'ai _____ _____	Il a / elle a _____ _____		
De quelle couleur sont tes cheveux et tes yeux ?	J'ai _____ _____	Il a / elle a _____ _____		

 I know the family vocabulary.

Les adjectifs possessifs

Possessive adjectives are used to express ownership of things. For example, **my** father, **your** book, **his** eyes, **her** hair, **their** school.

In French, the possessive adjective depends on whether the noun it describes is masculine, feminine or plural. This means that there are three words for each possessive adjective.

Look at the following examples for the possessive adjective '**my**':

- My brother: **mon** frère ('frère' is masculine)
- My sister: **ma** sœur ('sœur' is feminine)
- My grandparents: **mes** grands-parents ('grands-parents' is plural)

> **Retenez !**
>
> Remember that you can tell if a noun is masculine, feminine or plural by its indefinite article (un, une, des) or its definite article (le, la, les).

The three words for each possessive adjective are shown in the following table.

Possessive adjective	Masculine	Feminine	Plural
my	mon	ma	mes
your	ton	ta	tes
his/her	son	sa	ses
our	notre	notre	nos
your	votre	votre	vos
their	leur	leur	leurs

There are some exceptions to this rule. If the first letter of a feminine noun is a vowel, you must use **mon**, **ton** or **son** instead of **ma**, **ta** or **sa**. For example, even though the word for 'school' is feminine (**une école**), if you want to say 'my school', you say **mon école**.

> **Retenez !**
>
> The gender of the possessive adjective depends on the noun it describes, not the person saying it.

3.11 Écoutez !

Écoutez et répétez les adjectifs possessifs.
Listen to and repeat the possessive adjectives.

3 Ma famille et moi

EXERCICE 17

Remplissez la grille.
Fill in the table.

		Masculine	Feminine	Plural
A	Indefinite article	un	une	des
The	Definite article	le	la	les
My	Possessive adjective	mon	ma	mes
Your	Possessive adjective	ton	ta	tes
His/her	Possessive adjective	son	sa	ses ~~sons~~

EXERCICE 18

Placez les mots dans les colonnes qui conviennent.
Put the words into the correct columns.

oncle	parents	frères	grand-père	belle-mère
frère	sœurs	beau-père	cousine	cousin	tante
grands-parents	mère	demi-frère	grand-mère	sœur

Mon	Ma	Mes

EXERCICE 19

Traduisez les phrases en français.
Translate the phrases into French.

1. His brother. _son frère_
2. The ruler. _la règle_
3. A window. _une fenêtre_
4. Your father. _Ton père_
5. The book. _le livre_

6. Your parents. _tes parents_
7. Her uncle. _son oncle_
8. My aunt. _ma tante_
9. The chair. _la chaise_
10. A pencil. _un crayon_

Go to **page 25** of your *Chef d'œuvre* to complete Activité 5 : Voici ma famille.

 I understand how to use possessive adjectives.

Halloween en France

Today, as in Ireland, lots of French children wear a costume (**un déguisement**) and go trick or treating for sweets (**des bonbons**) to celebrate Halloween (pronounced *a-lo-ween*) on 31 October each year. Children often learn about Halloween at **l'école primaire** as part of their English studies. However, this spooky (**effrayant**) holiday was not traditionally celebrated in France and has only become popular in recent years due to the influence of American television and cinema.

Many French people observe the Christian holiday La Toussaint (All Saints' Day) the day after Halloween on 1 November, which is one of the country's national holidays. On this day, people remember loved ones who have died by visiting the cemetery (**le cimetière**) with chrysanthemums (**des chrysanthèmes**).

Both holidays take place during France's mid-term school break, which allows French families to spend them together – whether or not they are dressed as witches (**des sorcières**), vampires (**des vampires**) or ghosts (**des fantômes**) and live in a haunted house (**une maison hantée**)!

Des mots clés

Une sorcière	Witch	Une maison hantée	Haunted house
Une araignée	Spider	Des bonbons	Sweets
Un vampire	Vampire	Un monstre	Monster
Un mort-vivant	Zombie	Le sang	Blood
Un squelette	Skeleton	Un balai	Broom
Une citrouille	Pumpkin	Un cimetière	Cemetery
Un fantôme	Ghost	Un chat noir	Black cat
Un déguisement	Costume	Le diable	Devil
Une chauve-souris	Bat		

Juste pour rire !
Un fantôme parle à un autre fantôme:
- Tu as un mouchoir derrière toi.
- Oui, c'est mon fils!

3 Ma famille et moi

EXERCICE 20

En utilisant les images, remplissez la grille de mots croisés et trouvez le mot mystère.
Using the pictures, fill in the crossword and find the mystery word.

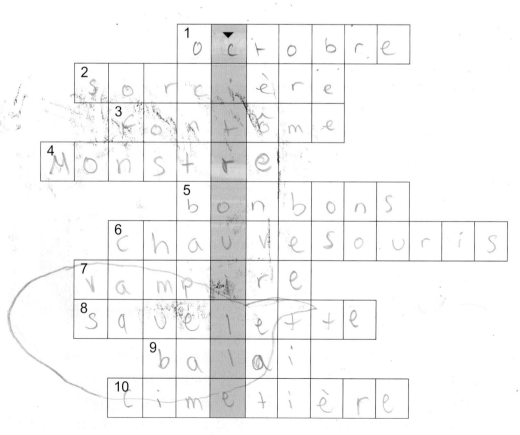

1. o c t o b r e
2. s o r c i è r e
3. f a n t ô m e
4. M o n s t r e
5. b o n b o n s
6. c h a u v e s o u r i s
7. v a m p i r e
8. s q u e l e t t e
9. b a l a i
10. c i m e t i è r e

EXERCICE 21

Entourez le mot qui convient.
Circle the correct word.

1.		(une sorcière)	un fantôme	un mort-vivant
2.		une araignée	un balai	(un fantôme)
3.		un déguisement	une chauve-souris	(des bonbons)
4.		(un vampire)	un mort-vivant	une sorcière
5.		un mort-vivant	(une chauve-souris)	un diable
6.		un balai	des bonbons	(un mort-vivant)
7.		(une citrouille)	un squelette	une sorcière
8.		un diable	(une araignée)	une chauve-souris

EXERCICE 22

Lisez le texte sur la famille Addams et répondez aux questions en anglais.
Read about the Addams Family and answer the questions in English.

La famille Addams habite à New York dans une grande maison hantée.
La maison est à côté d'un cimetière.

Gomez est le père. Morticia est la mère. Il y a deux enfants :
un fils qui s'appelle Pugsley et sa sœur, Wednesday.

Wednesday a les cheveux noirs et les yeux marron.
Elle aime les araignées. Elle est très sérieuse.

Leur oncle Fester et leur grand-mère vivent aussi dans la maison.
Leur serviteur, Lurch, est un monstre !

Leur cousin, Itt, a les cheveux très longs.

Halloween est la fête préférée de la famille Addams, bien sûr !

1. Where does the Addams family live?
   New York
2. What is their house beside?
   Cemetry
3. What is the mother called?
   Morticia
4. How many children are in the family?
   two

5. Describe Wednesday's appearance.
   her hair is brown and has brown eyes
6. Describe Wednesday's personality.
7. Who else lives in the house?
8. What is strange about Cousin Itt's hair?
   is very long

3 Ma famille et moi

Le dossier francophone : La Belgique

Le drapeau :

La capitale : Bruxelles

C'est intéressant !

Belgium is a flat country. The highest point is the Signal de Botrange, at 694 metres.

La monnaie : L'euro

Des montagnes : Le Signal de Botrange, la Baraque Michel, le Massif de Saint-Hubert

Des rivières : La Meuse, le Scheldt, la Sambre

Des sites touristiques : La Grand Place, le Manneken Pis, l'Atomium

C'est intéressant !

Manneken Pis is a famous bronze statue in Brussels of a little boy peeing!

Des personnes célèbres : Audrey Hepburn (actrice), Eden Hazard (joueur de football), Tony Parker (joueur de basket), Johnny Galecki (acteur), Vincent Komapany (joueur de football)

C'est intéressant !

As well as French, Dutch and German are also official languages of in Belgium. French is the first language, spoken by 36 per cent of the population.

La nourriture :
Le chocolat,
les gaufres,
les frites,
la bière

Des fêtes : L'Ommegang (juillet), le Laetare de Stavelot (mars), le Carnaval de Binche (février)

C'est intéressant !

During the Carnival of Binche (le Carnaval de Binche), performers called Les Gilles wear strange wax masks with green glasses to ward off evil spirits!

3 **Ma famille et moi**

Résumé

EXERCICE A

Remplissez la grille de mots croisés.

Fill in the crossword.

Horizontalement

3. My dad
6. My brother
9. My grandparents

Verticalement

1. My grandfather
2. My parents
3. My uncle
4. My sister
5. My sisters
7. My brothers
8. My aunt
9. My mum

EXERCICE B

Écoutez les gens et remplissez la grille.
Listen to the people and fill in the table.

name   age   birthday   hair   eyes   what they   don't like

Prénom	Âge	Anniversaire	Les cheveux	Les yeux	J'aime	Je n'aime pas
luke ✓	16	4 mai ✓	blonde ~~brown~~ ✓	bleus	le foot	music ✓
Solange	13 ✓	le 20 novembre	red ✓	marron	piano ✓	skiing ✓
Aoinle ✓	19 ✓	13 septembre ✓	noirs	vert ✓	cinema ✓	le ballet
Jeanne	14	17 feb ✓	marron	noisette	le dance ✓	le chocolat
Chloé	12	8 july	noirs ✓	bleus ✓	nature ✓	school ✓
leah ✓	17	le 26 avril	blonde ✓	gris ✓	sport ✓	le shopping
Hugo	18	21 oct	Auburn	vert	le café	Boutique ~~flowers~~
tio	15	9 juin	roux	brows	Weekend	school

 EXERCICE C

Traduisez les phrases en français.
Translate the sentences into French.

1. I have three sisters. —— J'ai trois soeurs ✓
2. He has two brothers. —— Il a deux freres ✓
3. My brother is sixteen years old. —— mon freres seize ans ✓
4. She has a little brother. —— Elle a une petit freres ✓
5. I have one brother and two sisters. —— J'ai une freres et deux soeurs ✓
6. He has a sister and a brother. —— Il a une soeurs et un freres ✓
7. I like my sisters. —— J'aime mes soeurs ✓
8. I do not like my brother. ☆ —— Jn'aime mon freres
9. I have a big sister. —— J'ai une grande soeurs ✓
10. My sister is thirteen years old. —— ma soeur treize ans ✓

☆ Je n'aime pas mon frens ✓

 EXERCICE D

Traduisez les nombres en français.
Translate the numbers into French.

1. Thirty-five — trente - cinq
2. Forty-three — quarante - trois
3. Twenty-seven — vingt sept
4. Thirty-two — trente - deux
5. Fifty — quinze

6. Forty-six — quarante - six
7. Eleven — onze
8. Thirty-nine — trente - neuf
9. Forty-one — quarante et une
10. Forty-four — quarante - quatre

3 Ma famille et moi

EXERCICE E

Utilisez les images pour trouver les mots qui manquent dans l'e-mail.
Use the pictures to find the missing words in the email.

Á (to) : paul@lite.fr
De (from) : eimear@wemail.ie
Objet (subject) : Ma famille

Cher Paul,

Comment vas-tu ? Tu m'as demandé de parler de ma _famille_ et de mon _ecole_ .

Eh bien, nous sommes _quatre_ à la maison : ma mère, mon père, mon petit frère, et moi.

Mon _fère_ s'appelle Léo. Il a _deux_ ans. Son anniversaire est le _octobre_ .

Il a les cheveux blonds comme ma _mère_ .

Moi, mon anniversaire est le _novembre_ . Quelle est la date de ton anniversaire ?

Moi, j'ai _quartroze_ ans. Quel âge as-tu ?

À l'école, j'étudie _onze_ matières. J'aime le _dessin_ et les _calculatrice_

Ma matière préférée est le _français_. Le _professor_ est très sympa.

Je n'aime pas la _geographie_ parce que c'est trop difficile. Quelle est ta matière préférée ?

Salut !

Thomas

EXERCICE F

Mettez les verbes au présent.
Put the verbs into the present tense.

1. Visiter : Je _____ l'Irlande. *Visite*
2. Écouter : Tu _____ la radio. *écoutes*
3. Louer : Il _____ une voiture. *loue*
4. Porter : Elle _____ une belle jupe. *Porte*
5. Visiter : Nous _____ la France chaque juillet. *Visite*
6. Porter : Vous _____ mon cartable. *Porte*

7. Bavarder : Ils _____ tous les soirs. *Bavardent*
8. Habiter : Elles _____ à Galway. *habiter*
9. Travailler : Nous _____ ensemble. *travaillons*
10. Jouer : Vous _____ au tennis le mardi. *Jouez*
11. Aider : Tu _____ ta mère. *Aides*
12. Adorer : Elle _____ son chien. *Adore*

EXERCICE G

Mettez les phrases à la forme negative.
Put the sentences into the negative form.

Exemple

Tu as trois sœurs.   Tu **n'as pas** trois sœurs.

1. Je danse chaque vendredi.   *Je ne danse pas chaque vendre*
2. Je parle français.   *Je ne parle pas français*
3. J'ai deux frères.   *J'ai ne deux pas frere*
4. Elles ont quatre tantes.   *Elles n'ont pas quatre tantes*
5. Je suis désolé.   *Je ne suis pas desole*
6. Il est professeur.   *il n'est pas professeur*
7. Il a les yeux bleus.   *il n'a pas les yeux bleus*
8. Elle a trois sœurs.   *Elle n'a pas trois sœurs*

EXERCICE H

Combien ? Répondez en français.
How many? Answer in French.

Exemple

How many days in a week?   **Sept**

1. How many weeks in a year?   *Cinquante-deux*
2. How many counties in Ireland?   *trente-deux*
3. How many days in February?   *Vingt-neuf*
4. How many days in August?   *trente et un*
5. How many colours in a rainbow?   *Sept*
6. How many players on a hurling team?   *quinze*
7. How many students in your French class?   *Vingt-neuf*
8. How many years apart do the Olympic Games take place?   *quatre*

Ma famille et moi

EXERCICE I

Par deux, posez des questions et répondez, chacun à votre tour.
In pairs, take turns to ask and answer the questions.

1. Comment tu t'appelles ?
2. Quel âge as-tu ?
3. Quelle est la date de ton anniversaire ?

4. As-tu des frères ou des sœurs ?
5. De quelle couleur sont tes yeux ?
6. De quelle couleur sont tes cheveux ?

EXERCICE J

Transformez les phrases en questions.
Turn the statements into questions.

	Tone	Inversion	Est-ce que …
C'est ton père.			
Vous aimez les bonbons.			
Tu as un chat noir.			
Tu parles français.			

EXERCICE K

Écoutez les gens et remplissez les blancs.
Listen to the people and fill in the blanks.

1. Je m'appelle Marcel. J'_habite_ à Lyon. Nous _sommes_ quatre dans ma famille : _mon_ père, ma mère, _ma_ sœur Florence et moi. J'_ai_ douze ans. Florence a _9_ ans. J'aime ~~la le~~ chocolat et ~~de les~~ gâteaux.

2. Je m'_appelle_ Elodie. J'habite _à_ Strasbourg. Nous sommes cinq dans ma famille. _mon_ père s'appelle Jean et _ma_ mère s'appelle Chantal. J'_ai_ deux frères. Ils s'appellent Marc et Pierre. J'aime _le_ sport.

3. Je m'_appelle_ François. J'habite _à_ Nice. _nous_ sommes quatre dans ma famille. J'ai une _sœur_. Elle s'appelle Sophie. Elle a _15_ ans. J'_ai_ deux frères. J'_aime_ la musique. Je _n'aime_ _pas_ le sport.

EXERCICE L

Lisez la lettre et répondez aux questions en anglais.
Read the following letter and answer the questions in English.

Paris 3 June

Paris, le 3 juin

Dear David

~~Cher~~ David,

How are you

Ça va ?

Je m'appelle Marc et j'ai treize ans. Mon anniversaire est le 1er mars.

quite

Je suis ~~assez~~ grand. J'ai les yeux noisette et les cheveux blonds, courts et frisés. Je porte des lunettes quand je regarde la télé. Ma famille dit que je suis assez

but

lazy

timide et ~~paresseux~~. J'habite à Paris, ~~mais~~ je suis suisse.

too   *I get on*

very

J'ai deux sœurs, mais je n'ai pas de frères. Ma sœur aînée, qui s'appelle Claire, a dix-sept ans. Elle est ~~très~~ drôle, mais quelquefois ~~trop~~ bavarde. ~~Je m'entends bien~~

well with her

~~avec elle.~~ Mon autre sœur s'appelle Shauna. Elle a quatorze ans. Elle est très

annoying

paresseuse et elle ~~m'énerve~~.

soldier

Mes parents s'appellent François et Sylvie. Mon père a quarante et un ans. Son anniversaire est le seize juillet. Il est ~~soldat~~. Ma mère qui travaille dans un hôpital a trente-neuf ans. Elle est très sympa.

Quel âge as-tu ? As-tu des frères ou des sœurs ?

Écris-moi bientôt.

Marc

3 Ma famille et moi

1. When did Marc write his letter? *3 June*
2. What is Marc's age and birthday? *13 years old, 1st march*
3. How does he describe his appearance? *tall, hazel eyes, blonde short and curly hair*
4. What does his family say about him? *quite shy, lazy*
5. Where does he live and where is he from? *he lives in Paris and is from swiss*
6. How many brothers and sisters does he have? *2 sisters, no brothers*
7. Give their names, ages and describe what they are like. *Clair: 17, funny, chatty*
8. What do Marc's parents do for a living?
9. What questions does Marc ask David?
whats your age do you have any brothers or sisters

Go to **page 28** of your *Chef d'œuvre* to evaluate your learning in chapter 3.

Le texte authentique

Chica Vampiro est une émission de télévision sur une famille de vampires ! C'est très populaire en France.

Regardez l'article de magazine, puis répondez aux questions qui suivent.
Look at the magazine page, then answer the questions that follow.

BELINDA DE LA TORRE
La petite sœur de Max

Fiche d'identité

Nom : Belinda de La Torre
Âge : 16 ans
Caractère : faible de caractère, Belinda a tendance à obéir au doigt et à l'œil à Marilyn et à être un peu peste. C'est grâce à Alexandre qu'elle va finir par s'affirmer et révéler un caractère plus généreux et doux.
Style : Belinda a de longs cheveux noirs qu'elle porte le plus souvent détachés. Elle aime bien les vêtements colorés ou avec des motifs fleuris.
Son talent : elle joue très bien du clavier.

1. What is Belinda de la Torre's relationship to Max? *little sister*

2. What age is Belinda? *16*

3. Find the phrase that means 'a very generous and soft character'.
un caractère plus genereux et doux

4. Describe Belinda's hair. *long black hair*

5. What kind of clothes (**les vêtements**) does Belinda like?
clourful and flowery

6. What is Belinda's talent? *Keyboard*

Go to **page 26** of your *Chef d'œuvre* to complete Activité 6 : Profil d'une star française.

 Go to **educateplus.ie/resources/allons-y** to complete the interactive exercises for chapter 3.

Chez moi

Dans ce chapitre, vous allez étudier :
In this chapter, you will study:

Chez moi !

Les maisons

In chapter 1, you learned how to ask where someone lives (**Où habites tu ?**) and to say where in the world you live (e.g. **J'habite en Irlande**). Now you will learn how to talk about the type of home you live in and where it is situated.

The following table will help you to talk about your home.

J'habite dans …	un pavillon
	une maison jumelée
	une maison individuelle
	un appartement
Ma maison est …	grande
	petite
	confortable
	spacieuse
my house is located Ma maison se trouve …	à la campagne *country*
	en ville *town*
	en banlieue *suburbs*
	dans un lotissement *estate*
	dans une ferme *farm*
	au bord de la mer *beside the sea*

un pavillon

une maison jumelée

une maison individuelle

un appartement

Des mots clés

Une maison	House
Un pavillon	Bungalow
Une maison jumelée	Semi-detached house
Une maison individuelle	Detached house
Un appartement	Apartment
Confortable	Comfortable
Spacieuse	Spacious
À la campagne	In the country
En ville	In town
En banlieue	In the suburbs
Dans un lotissement	In an estate
Dans une ferme	On a farm
Au bord de la mer	Beside the sea

 I can describe the home I live in and where it is situated.

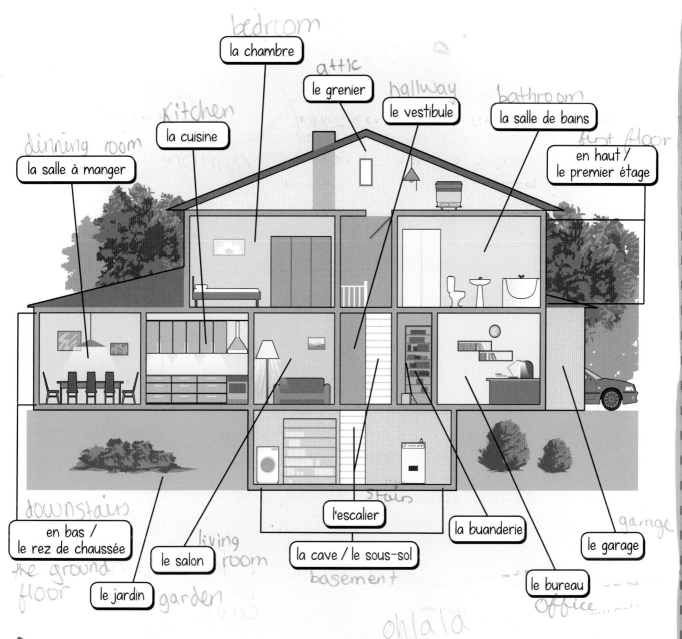

la chambre

le grenier

le vestibule

la salle de bains

la cuisine

la salle à manger

en haut / le premier étage

en bas / le rez de chaussée

le salon

le jardin

l'escalier

la cave / le sous-sol

la buanderie

le bureau

le garage

Handwritten annotations: bedroom, attic, hallway, bathroom, first floor, kitchen, dinning room, downstairs, the ground floor, living room, garden, stairs, basement, ohlala, garage, office

4 **Chez Moi**

4.1 Écoutez !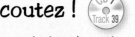

Écoutez et répétez les pièces de la maison.
Listen to and repeat the rooms of the house.

✓ I know the rooms of the house vocabulary.

EXERCICE 1

Étiquetez les pièces de la maison.
Label the rooms of the house.

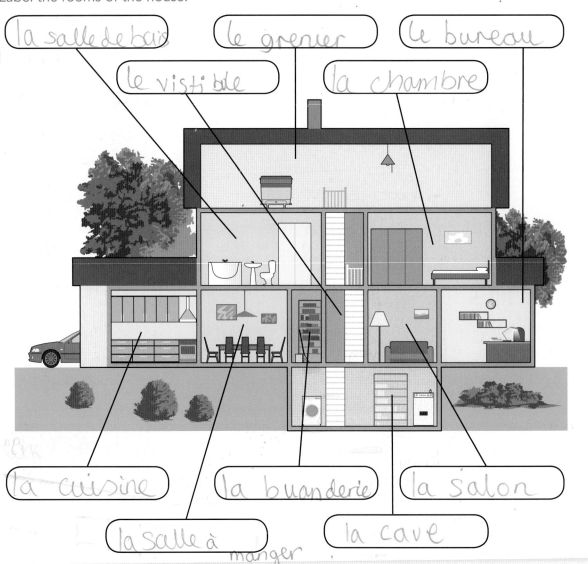

la salle de bai
le vistible
le grenier
la chambre
le bureau
la cuisine
la buanderie
la salon
la salle à manger
la cave

 4.2 Écoutez ! CD 1 Track 40

Écoutez les gens et remplissez la grille. Cochez les pièces qu'ils mentionnent et, si possible, indiquez le nombre de pièces.
Listen to the people and fill in the table. Tick the rooms that they mention and, if possible, give the number of rooms.

	Cuisine	Salon	Salle à manger	Chambres	Salle de bains	Cave	Garage	Bureau
Anaïs	✔	✓	✓	✓ 6	√3	✓		
Pauline	✓	✓		✔ (2)	✓			✓
Cédric	✓	✓	✓	√3	✔ (2)		✓	✓
Pierre	✓			√2	√2		✓	✓
André	√3	√2	✓	✓ 5	√3	✓	✓	

EXERCICE 2

Reliez les nombres avec les lettres.
Match the numbers to the letters.

1. La maison
2. Le jardin
3. Le bureau
4. Le grenier
5. La cuisine

6. Le salon
7. La salle de bains
8. Le garage
9. La salle à manger
10. La chambre

1.	2.	3.	4.	5.	6.	7.	8.	9.	10.
g	a	e	c	d	i	j	b	f	h

Les meubles du salon

furniture

le vase

la cheminée

la table basse

le tapis

la télévision

la lampe

le coussin

le canapé

4.3 Écoutez !

CD 1
Track 41

Écoutez et répétez les meubles du salon.
Listen to and repeat the living room furniture.

EXERCICE 3

Lisez le texte et répondez aux questions en anglais.
Read the text and answer the questions in English.

> « Je m'appelle Zara. J'habite dans une assez grande maison à Bordeaux en France. Ma maison est située en banlieue. J'habite avec mon père, ma sœur Chloé et mon frère Alain.
>
> C'est une maison jumelée à deux étages. Il y a sept pièces. En bas, il y a le salon, la salle à manger et la cuisine. Ma pièce préférée est le salon car il y a une grande télévision et un canapé très confortable.
>
> En haut, il y a la salle de bains et les chambres. Il y a trois chambres : la chambre de mon père, la chambre d'Alain et je partage ma chambre avec Chloé.
>
> Derrière la maison, il y a un joli jardin. C'est mon père qui fait du jardinage. »

1. Zara says that her house is small. True or false?
2. What type of house does Zara live in? Kinda big house
3. Where is her house situated? Bordeaux
4. How many rooms are there?
5. Name the downstairs rooms. 3
6. Why is the living room Zara's favourite room? comfort able
7. Name the upstairs rooms. bathroome, bedrooms
8. How many bedrooms are there? 3
9. Who does Zara share her bedroom with? chloe
10. Who does the gardening? her dad.

Go to **page 32** of your *Chef d'œuvre* to complete Activité 1 : Maison à vendre.

Le verbe irrégulier faire

Faire means 'to make' or 'to do'. Like other irregular verbs, such as **être** and **avoir**, **faire** does not follow any rules and must be learned well.

Je fais	I make/do
Tu fais	you make/do *(one person/informal)*
Il fait	he makes/does
Elle fait	she makes/does
On fait	one makes/does
Nous faisons	we make/do
Vous faites	you make/do *(more than one person/formal)*
Ils font	they make/do *(masculine)*
Elles font	they make/do *(feminine)*

Retenez !

Note that the plural or formal 'you make/do' is vous faites.

4.4 Écoutez !

Écoutez et répétez le verbe **faire**.
Listen to and repeat the verb faire.

EXERCICE 4

Remplissez les blancs avec le verbe **faire** ou les pronoms qui conviennent.
Fill in the blanks with the verb faire or the correct pronouns.

Je _Fais_	
_Tu_	fais
Il _Fait_	
Elle	fait
On _fait_	
Nous _Faisons_	
Vous _faites_	
ils	font
Elles _font_	

 I know the verb faire.

4 Chez Moi

Les tâches ménagères

The verb **faire** comes in very useful when talking about household tasks (**les tâches ménagères**).

Faire la vaisselle

Faire le ménage

Faire la cuisine

Faire une Promenade to go for a walk

Faire le repassage

Faire le lit

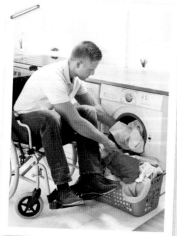

Faire la lessive

Faire du jardinage

Faire les courses

 ### 4.5 Écoutez ! CD 1 Track 43

Écoutez et répétez les tâches ménagères.
Listen to and repeat the household tasks.

EXERCICE 5

Complétez les phrases avec le verbe **faire** et traduisez-les en anglais.
Complete the phrases with the verb faire and translate them into English.

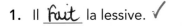

Exemple

Je <u>fais</u> la lessive.   I do the laundry.

1. Il <u>fait</u> la lessive. ✓   he does the laundry ✓
2. Nous <u>faisons</u> les courses. ✓   we do the shopping ✓
3. Tu <u>fais</u> le lit. ✓   you make the bed ✓
4. Vous <u>faites</u> le repassage. ✓   you do the ironing ✓
5. Mes sœurs <u>font</u> la cuisine. ✓   my sisters make the ~~dinner~~ cooking ✓
6. Mon oncle <u>fait</u> la vaisselle. ✓   my uncle does the dishes ✓
7. Ils <u>font</u> le ménage. ✓   They do the cleaning ✓ housework

Mettez quelques phrases ci-dessus à la forme négative.
Put three of the above phrases in the negative form.

Exemple

Il <u>ne</u> fait <u>pas</u> la lessive.

1. ils ne font pas le ménage.
2. Tu ne fais pas le lit.
3. Vous ne faites pas le repassage.

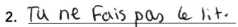

C'est intéressant !

The French saying **Tout le monde donne un coup de main à la maison** means 'Everyone gives a helping hand around the house.'

EXERCICE 6

Par deux, parlez de votre maison et des tâches ménagères que vous faites.
In pairs, talk about your house and the chores you do.

– Où habites-tu ?
– Where do you live?

– J'habite dans … Ma maison est … Chez moi, il y a …
– I live in … My house is … In my house there are …

– Quelles tâches ménagères fais-tu ?
– What household tasks do you do?

– Je fais …
– I make/do …

 I can talk about household tasks.

Vivre à Paris

Paris, France's capital, is home to over 2.2 million people. The city is divided into twenty numbered areas called **arrondissements**. The lower-numbered arrondissements are in the city centre, climbing upwards as they move towards the outskirts of the city.

The first arrondissement is called Louvre, which is also the name of the famous museum located there – **le Musée du Louvre**.

Apartments are the most common type of home in Paris, as space in the city is limited.

Despite this, Parisians are famous for their love of pet dogs (**les chiens**). Small dogs are welcome in many of the city's cafés and restaurants and on public transport.

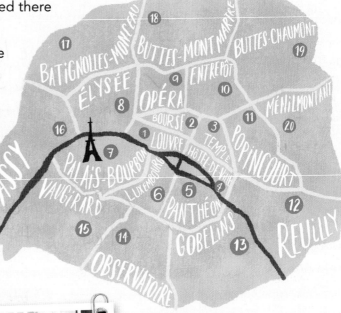

C'est intéressant !

In Paris, there are more than 300,000 dogs. That's one dog for every seven people!

Go to **page 34** of your *Chef d'œuvre* to complete Activité 2 : Les arrondissements de Paris.

Les animaux domestiques

To ask someone if they have a pet, you say **As-tu un animal domestique ?** If the answer is yes, the response is **Oui, j'ai ...** followed by the type of pet you have.

un chien

un chat

un hamster

un poisson rouge

un lapin

une souris

une perruche

un cheval

une tortue

un cochon d'Inde

4.6 Écoutez !
CD 1 Track 44

Écoutez et répétez les animaux.
Listen to and repeat the animals.

As-tu un animal domestique ?

Oui, j'ai un chat.

If you don't have any pets, reply **Non, je n'ai pas d'animal domestique.**

✓ I know how to talk about pets.

EXERCICE 7

Remettez les lettres dans le bon ordre pour trouver les animaux.
Unscramble the letters to find the animals.

1. pilan — *lapin*
2. sonisop guore — *poisson rouge*
3. tahc — *chat*
4. rutoet — *turtoe*

5. mesahtr — *hamster*
6. hevacl — *cheval*
7. urisos — *souris*
8. nehci — *chien*

9. hrpecreu — *perruche*
10. ccoonh ned'i — *cochen d'inde*

Juste pour rire !
Une virlangue (tongue twister) : Cinq chiens chassent six chats.

C'est intéressant !

Cats are popular in French sayings. For example, in English we use the expression 'to have a frog in the throat' but the equivalent in French is **avoir un chat dans la gorge**. And instead of 'to call a spade a spade', the French say **appeler un chat un chat**.

4.7 Écoutez ! (CD 1 Track 45)

Écoutez les gens et remplissez la grille.
Listen to the people and fill in the table.

	Olivier	Jeanne	Chantal	Luc
Type of home				
Number of rooms in house				
Number of bedrooms in house				
Favourite room in house				
Pet(s)				

Go to **page 35** of your *Chef d'œuvre* to complete Activité 3 : Sondage sur les animaux.

Les prépositions

A preposition tells us about the position of a person, place or thing (e.g. on, under, beside, near).

La maison est **près de** la mer.

La chat est **sur** la chaise.

Des mots clés

Sur	on	Dans	in	Près de	near
Sous	under	Entre	between	Loin de	far from
Derrière	behind	À gauche de	to the left of	À côté de	beside
Devant	in front of	À droite de	to the right of	En face de	opposite

4.8 Écoutez !

CD 1 Track 46

Écoutez et répétez les prépositions.
Listen to and repeat the prepositions.

EXERCICE 8

Insérez la préposition correcte pour compléter chaque phrase.
Insert the correct preposition to complete each sentence.

Le chien est _sous_ la table

Le chat est _sur_ le canapé

Les crayons sont _dans_ la trousse

Le jardin est _Devant_ la maison

L'élève est _Derrière_ la porte

La perruche est _dans_ sa cage

EXERCICE 9

Par deux, regardez les images dans l'exercice 8 et demandez « **Où est le / la … ?** »
In pairs, look at the images in exercise 8 and ask 'Where is the …?'

I can use the prepositions in sentences.

Les nombres de 51 à 80

You already know numbers 1 to 50. Here are numbers 51 to 80 in French.

Les nombres de 51 à 80			
cinquante et un	fifty-one	soixante-six	sixty-six
cinquante-deux	fifty-two	soixante-sept	sixty-seven
cinquante-trois	fifty-three	soixante-huit	sixty-eight
cinquante-quatre	fifty-four	soixante-neuf	sixty-nine
cinquante-cinq	fifty-five	soixante-dix	seventy
cinquante-six	fifty-six	soixante et onze	seventy-one
cinquante-sept	fifty-seven	soixante-douze	seventy-two
cinquante-huit	fifty-eight	soixante-treize	seventy-three
cinquante-neuf	fifty-nine	soixante-quatorze	seventy-four
soixante	sixty	soixante-quinze	seventy-five
soixante et un	sixty-one	soixante-seize	seventy-six
soixante-deux	sixty-two	soixante-dix-sept	seventy-seven
soixante-trois	sixty-three	soixante-dix-huit	seventy-eight
soixante-quatre	sixty-four	soixante-dix-neuf	seventy-nine
soixante-cinq	sixty-five	quatre-vingts	eighty

 4.9 Écoutez ! (CD 1 Track 47)

Écoutez et répétez les nombres de 51 à 80.
Listen to and repeat the numbers from 51 to 80.

 EXERCICE 10

Écrivez les numéros des maisons en français.
Write the house numbers in French.

48	59	60	70	37	76
quarante-huit	cinquante-neuf	soixante	soixante-dix	trente-sept	soixante-seize

65	23	18	17	52	80
soixante-cinq	vingt-trois	dix-huit	dix-sept	cinquante-deux	quatre-vingt

 I know the numbers 51 to 80.

EXERCICE 11

Faites le calcul !
Do the maths!

1. vingt-trois + quarante = _soixante-treize_   6. douze x quatre = _quarante-huit_

2. quarante-six + treize = _cinquante-neuf_   7. cinquante et un + onze = _soixante-six_

3. vingt x trois = _soixante_   8. soixante-trois – vingt-trois = _quarante_

4. soixante-dix – quinze = _cinquante-cinq_   9. cinquante-deux ÷ deux = _vingt-six_

5. cinquante-huit + douze = _soixante_   10. trente + cinquante = _quatre-vingts_

Des mots clés

Multiplied by   Multiplié par / fois (x)
Divided by   Divisé par / sur (÷)

4.10 Écoutez ! CD 1 Track 48

Écoutez Antoine parler de sa maison et complétez les phrases avec les numéros manquants.
Listen to Antoine talking about his house and fill in the missing numbers.

« Je m'appelle Antoine. J'habite dans une ferme en Bretagne avec ma femme, mes

_14_ enfants et mes parents.

C'est à _17_ kilomètres de la ville de Rochefort-en-Terre. Ma famille est propriétaire de la ferme depuis près de

_70_ ans.

Le numéro de notre maison est le

_43_. Il y a beaucoup d'animaux à la ferme. Nous avons

_7_ chevaux et

_4_ chiens. Le vieux chien

a _14_ ans ! Il y a aussi une

famille de _6_ chats dans

la grange. »

Les verbes réguliers en -ir

Just like regular –er verbs, regular –ir verbs follow a set of rules:

1. Choose the personal pronoun (je, tu, il, etc.).
2. Chop –ir off the verb.
3. Add the correct ending. These are shown in the table below.

Je	–is	Il	–it	On	–it	Vous	–issez	Elles	–issent
Tu	–is	Elle	–it	Nous	–issons	Ils	–issent		

Let's look at an example using the regular –ir verb finir (to finish).

Je rougis.

Finir	
Je fin**is**	I finish
Tu fin**is**	you finish (*one person/informal*)
Il fin**it**	he/it finishes
Elle fin**it**	she/it finishes
On fin**it**	one finishes
Nous fin**issons**	we finish
Vous fin**issez**	you finish (*more than one person/formal*)
Ils fin**issent**	they finish (*masculine*)
Elles fin**issent**	they finish (*feminine*)

When you know the rules, you can apply them to any regular –ir verb. Below is a list of some helpful verbs that end in –ir.

rougir	to blush	saisir	to grab/catch	bâtir	to build
remplir	to fill	réfléchir	to think	vieillir	to grow old/age
punir	to punish	grandir	to grow up	réussir	to succeed
choisir	to choose	obéir	to obey		

 4.11 Écoutez !

Écoutez et répétez les verbes réguliers en –ir **choisir** et **grandir**.

Listen to and repeat the regular –ir verbs choisir and grandir.

 EXERCICE 12

Ajoutez la terminaison correcte pour chaque verbe en –ir.

Add the correct –ir ending.

1. Je chois _is_ un chat.
2. Tu pun _is_ le chien.
3. Il roug _it_ en classe.
4. Elle fin _it_ l'école à quatre heures.
5. Nous grand _issons_ chaque année.
6. Vous obé _issez_ à vos parents.
7. Je sais _is_ la souris.
8. Mon grand père vieill _it_.
9. Lucie réfléch _it_ avant de répondre à la question.
10. Nous bât _issons_ une nouvelle maison.

 I know the rules for regular –ir verbs.

EXERCICE 13

Choisissez le bon verbe.
Choose the correct verb.

1. Je __cherche__ (cherches / **cherche** / cherchez) mon cahier.

2. Nous __bavardons__ (bavarde / **bavardons** / bavardez) en classe.

3. Ils __finissent__ (finit / finissons / **finissent**) l'école.

4. Elle __porte__ (**porte** / porter / portent) un chapeau.

5. Il __joue__ (**joue** / jouer / jouons) au football.

6. Ils __bâtissent__ (**bâtissent** / bâtit / bâtissez) un garage.

EXERCICE 14

Lisez le texte et répondez aux questions en anglais.
Read the text and answer the questions in English.

« Je m'appelle Alain. Ma maison se trouve à la campagne. C'est une grande maison. Il y a cinq chambres et trois salles de bains. Nous avons un joli jardin derrière la maison. Ma mère fait du jardinage. J'adore les animaux et j'ai cinq chiens et trois chats. »

« Je m'appelle Céline. J'habite au bord de la mer dans une maison individuelle. C'est une maison à deux étages. En haut, il y a trois chambres et une salle de bains. En bas, nous avons une petite cuisine et une salle à manger et un salon. Nous avons un grand jardin devant et derrière la maison et j'ai un cheval. »

« Je m'appelle Fréderic. J'habite à Nice assez près de la mer. J'adore ma chambre. Je fais mon lit tous les jours. Chez moi, nous avons dix pièces, quatre chambres, une cuisine, deux salles de bains, un salon, une salle à manger et un bureau. Mon père travaille dans le bureau. Je n'ai pas d'animal domestique. »

« Je m'appelle Abida. J'habite dans un appartement à Paris. J'habite avec mes deux sœurs et mon père. Mes petites sœurs partagent une chambre. J'ai ma propre chambre. Nous avons une petite cuisine, une salle de bains et un salon. Nous avons un petit chien. Le dimanche, je fais la cuisine. »

1. Where is Alain's house?
2. Who lives near the sea?
3. How many floors does Céline's house have?
4. Whose mother does the garden?
5. Whose father works in the office?
6. What does Abida do on Sundays?
7. Who has no pets?
8. Where is Céline's garden?
9. What does Fréderic do every day?
10. Whose house has three bathrooms?

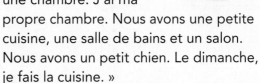

Go to **page 103** of your *Chef d'œuvre* to fill in the fourth section of your Tout sur moi ! fact file.

4 Chez Moi

Le dossier francophone : Haïti

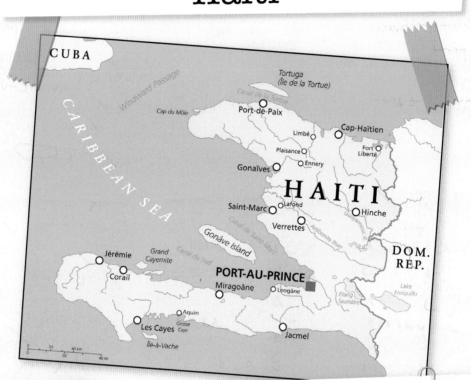

Le drapeau :

La capitale : Port-au-Prince

C'est intéressant !

In 2010, a huge earthquake near Port-au-Prince killed more than 220,000 people. In 2016, Hurricane Matthew caused further devastation to the already very poor country. Find out how you can help the people of Haiti by visiting unicef.org/haiti/french/.

La monnaie : La gourde

C'est intéressant !

Haiti's currency was named after the gourd fruit because it was a big part of the nation's diet in the 1800s.

Des montagnes : La Chaîne de la Selle, le Pic de Macaya, la Montagne Terrible

Des rivières :
La Grande Rivière du Nord,
le Petite Rivière de l'Artibonite

Des sites touristiques :
La Cathédrale Notre-Dame du Cap-Haitien,
la Citadelle Laferrière, le Pétionville

Des personnes célèbres :
Wyclef Jean (chanteur),
Meta Golding (actrice, *Hunger Games*),
Jean Pascal (boxeur)

4 Chez Moi

La nourriture : Le griyo (fried pork),
le riz, les haricots, le plantain,
la dous makos (Haitian fudge)

Des fêtes : L'anniversaire de l'indépendance d'Haïti
(1ᵉʳ janvier), le Carnaval (mars), le Rara
(la semaine de Pâques), le festival Carifesta (août)

C'est intéressant !
Rara festival is similar to
Carnival and brings lots of
music, dancing and colour
to Haiti's streets.

Résumé

EXERCICE A

Remplissez la grille de mots croisés.
Fill in the crossword.

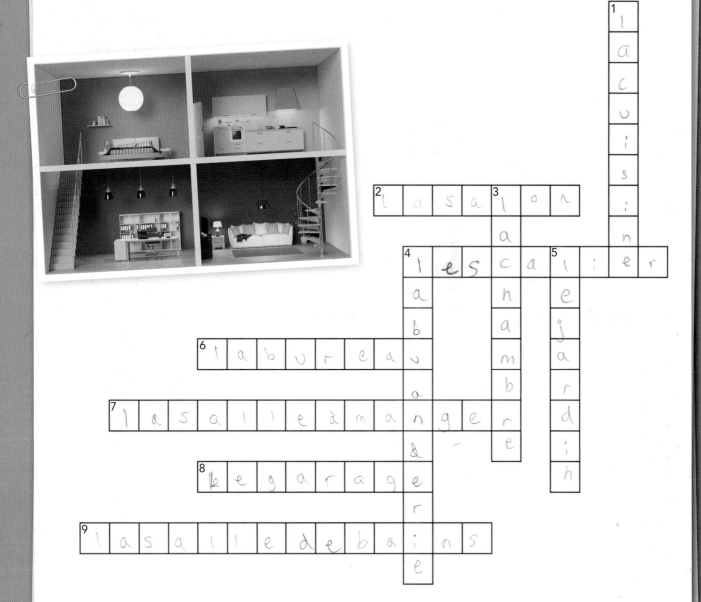

Horizontalement

2. the sitting room ✓

4. the stairs ✓

6. the office

7. the dining room ✓

8. the garage

9. the bathroom ✓

Verticalement

1. the kitchen ✓

3. the bedroom ✓

4. the utility room ✓

5. the garden ✓

EXERCICE B

Reliez les nombres avec les lettres.
Match the numbers to the letters.

1. Je fais la vaisselle.
2. Je fais la cuisine.
3. Je fais la lessive.
4. Je fais le repassage.
5. Je fais les courses.
6. Je fais le lit.
7. Je fais du jardinage.
8. Je fais le ménage.

1.	2.	3.	4.	5.	6.	7.	8.
f	e	h	g	c	a	d	b

EXERCICE C

Dans quelle pièce ?
Which room?

Je regarde la télévision.	la salon
Je fais la cuisine.	la cusine
Il y a un lit.	la chambre
Il y a la voiture.	le garge
Ma mère travaille.	la bureau

4 Chez Moi

EXERCICE D

Regardez les images et répondez aux questions.
Look at the pictures and answer the questions.

Exemple

C'est un chat ?

It is not

Non, ce n'est pas un chat. C'est un chien.

1. C'est une trousse ?   Oui, c'est une trousse ✓

2. C'est une souris ?   Non, ce n'est pas une souris c'est un chat ✓

3. C'est une lampe ?   Non, ce n'est pas une lampe c'est un vase ✓

4. C'est un cheval ?   Oui, c'est un cheval ✓

5. C'est un canapé ?   Oui, c'est un canapé ✓

6. C'est un lapin ?   Non, ce n'est pas un lapin c'est une perruche ✓

EXERCICE E

Remplissez la grille avec la forme du verbe qui convient.
Fill in the table with the correct verb form.

Avoir (irregular)	Être (irregular)	Donner (regular –er)	Finir (regular –ir)	Faire (irregular)
j'ai				je fais
	tu es			
			il finit	
		elle donne		
	on est			
nous avons				nous faisons
			vous finissez	
	ils sont			
		elles donnent		elles font

EXERCICE F

Écrivez les nombres en chiffres.
Write the numbers as figures.

1. Trente-huit   38
2. Cinquante-deux   52
3. Quarante-trois   43
4. Soixante   60
5. Cinquante et un   51

6. Vingt-deux   22
7. Quarante-quatre   44
8. Cinquante-cinq   55
9. Onze   11
10. Soixante-dix   70

EXERCICE G

Regardez l'image et répondez aux questions.
Look at the picture and answer the questions.

1. Où est le chat ?   le chat est sous le table ✓
2. Où est le chien ?   le chein est sur le canape ✓
3. Où est la souris ?   le souris est Derrière le porte ✓
4. Où est le lapin ?   le lapin est Devant le cheminee ✓
5. Où est la tortue ?   le tortue est sur le cheminee ✓
6. Où est la perruche ?   la perruche et dans sa cage ✓

4 Chez Moi

EXERCICE H

Lisez la lettre de Guillaume et répondez aux questions en anglais.
Read Guillaume's letter and answer the questions in English.

Paris, le 3 mars

Cher Tom,

Comment vas-tu et comment va ta famille ? J'ai beaucoup de nouvelles ! *[I Have alot of news]* J'ai un nouveau chien. Il s'appelle Nemo. Il est brun avec de grands yeux bleus. Mon père *[my]* a aussi un nouvel emploi *[dad has a new job]* et nous avons quitté notre appartement au centre-ville. Notre nouvelle maison se trouve à la campagne, mais elle est près d'un village. Je l'adore. C'est une très grande maison individuelle avec un très joli jardin. Je fais du jardinage avec ma mère.

Nous avons dix pièces. *[room]* En haut, il y a une salle de bains et quatre chambres. En bas, il y a la cuisine et la salle à manger. Mon père a son propre bureau. Nous avons de la chance aussi parce que nous avons deux salons, donc plus de disputes avec ma *[we are lucky / plus no more]* sœur sur ce qu'il faut regarder à la télévision. *[argument with my sister about tv]* Elle regarde la chaîne Disney, mais je préfère regarder le sport.

Où habites-tu ? Comment est ta maison ? As-tu un animal domestique ? Quelles tâches ménagères fais-tu ? Qu'est-ce que tu aimes regarder à la télévision ?

C'est tout pour l'instant,
Amitiés,
Guillaume

1. Describe Guillaume's new pet.

2. Where is Guillaume's new house situated?

3. What household task does Guillaume do with his mother?

4. How many rooms does Guillaume's new house have?

5. Why does Guillaume feel lucky to have two living rooms?

Go to **page 36** of your *Chef d'œuvre* to complete Activité 4 : Cher Guillaume.

EXERCICE I

Par deux, posez des questions et répondez, chacun à votre tour.
In pairs, take turns to ask and answer the questions.

1. As-tu des frères et des sœurs ?

2. Où habites-tu ?

3. Quelle est ta pièce préférée et pourquoi ?

4. As-tu un animal domestique ?

5. Quelles tâches ménagères fais-tu ?

 ## EXERCICE J

Écoutez les gens et remplissez les grilles.
Listen to the people and fill in the tables.

1.

Name	Hubert
Age	15 ✓
Birthday	12 novembre ✓
Hair	brown short ✓
Eyes	green ✓
Number of sisters	2 ✓
Number of brothers	2 ✓
Favourite subject	geography ✓
City	lyone ✓
Number of rooms in house	14 ✓
Favourite room	Kitchen ✓

2.

Name	Céline
Age	12 ✓
Birthday	21 oct ✓
Hair	long, red ✓
Eyes	grey ✓
Number of sisters	0 ✓
Number of brothers	3 ✓
Favourite subject	English ✓
City beside on the beach	Biarritz
Number of rooms in house	8 ✓
Favourite room	bedroom ✓

4 **Chez Moi**

 Go to **page 38** of your *Chef d'œuvre* to evaluate your learning in chapter 4.

Le texte authentique

Regardez l'affiche et répondez aux questions qui suivent.
Look at the poster and answer the questions that follow.

CHIEN PERDU À LYON

Il s'appelle **Beau**

Il a disparu près du Parc Blandan

vendredi 9 mars

C'est un mâle noir avec les yeux marron

Il est très gentil et sociable

Il a 7 ans

RÉCOMPENSE 150 €

TÉL PAUL : 04 72 77 12 61

---

1. What is the lost dog's name? *Beau*
2. Where did he go missing? *Blandan Park*
3. When did he go missing? *friday 9 march*
4. What does he look like? *male / Black / brown eyes*
5. What kind of personality does he have? *gental / socialble*
6. What age is he? *7*
7. What does the information in the red box say? *price €150 and the telephone number*

Go to **educateplus.ie/resources/allons-y** to complete the interactive exercises for chapter 4.

5 | Le temps

Il fait un temps de chien !

un arc-en-ceil
a rainbow

Il peut des cordes
its raining cats and dogs

il y a de l'orage
theres a thunderstorm

Apres la pluie, le beau temps = Every cloud has a silver lining

Le temps

In chapter 4, you met the irregular verb **faire** (to make/do). This is the verb that is used to ask what the weather is like in French: **Quel temps fait-il ?**

For some types of weather, the reply also makes use of the verb **faire.**

Il fait froid

it is cold

Il fait chaud

it is hot

Il fait mauvais

it is bad weather

Il fait beau

the weather is fine

Some types of weather are described using the phrase **Il y a.**

Il y a du vent

it's windy

Il y a des nuages

it is cloudy

Il y a du soleil

it is sunny

Il y a du brouillard

it is foggy

To describe other types of weather, you simply begin with **Il**. (This is because **geler**, **neiger** and **pleuvoir** are verbs.)

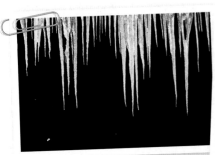

Il gèle

it is freezing

Il neige

it is snowy

Il pleut

it is

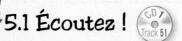

5.1 Écoutez !

CD1 Track 51

Écoutez et répétez le temps.

C'est intéressant !

In France, bad weather is often described as **un temps de chien** (weather of a dog) and freezing weather as **froid de canard** (duck cold)!

EXERCICE 1

Regardez les photos et décrivez le temps.

1.	2.	3.
il neige	il y a du soleil	il pleut
4.	5.	6.
il gèle	il y a du vent	il fait froid

Le temps en France

Depending on the region of France you visit and what time of year it is, the weather forecast (**la météo**) can allow for everything from sunbathing to snowboarding!

Regions in the northwest (**le nord-ouest**) of the country, such as Brittany and Normandy, are generally temperate but can be rainy and cold. For example, Brest in Brittany has an average temperature of six degrees (**degrés**) in winter and 16 degrees in summer.

In the centre (**le centre**) of the country, summer temperatures are higher than in the north but winters can still bring cold conditions. In winter months, the French Alps in the east (**l'est**) receive plenty of snow, much to the delight of the many people who go there to ski.

In the south (**le sud**), the Mediterranean climate means that winters are pleasant. The summers are hot with temperatures over 30 degrees. This year-round good weather makes the Côte d'Azur a popular tourist destination.

Il neige dans les Alpes

Il fait beau sur la Côte d'Azur

Des mots clés

La météo	Weather forecast	Le nord-est	Northeast	Le sud-est	Southeast
Degrés	Degrees	Le nord-ouest	Northwest	Le sud-ouest	Southwest
Le nord	North	Le sud	South	Le centre	The centre
L'est	East	L'ouest	West		

5.2 Écoutez !

CD 1 Track 52

Écoutez et répétez le vocabulaire de la météo.

EXERCICE 2

Regardez la carte et remplissez les blancs.

Calais

Paris

Nancy

Dijon

Nantes

Lourdes

Marseille

Nice

Exemple

Il y a du soleil à Calais.

1. Il _pleut_ à Nancy.
2. Il _y a du soleil_ à Nice.
3. Il _y a du vent_ à Lourdes.
4. _il neige_ à Nantes.
5. _il y a des nuages_ à Dijon.
6. _il neige_ à Paris.
7. _il pleut_ à Marseille.

EXERCICE 3

Remplissez les blancs.

1. Il y a du soleil à Marseille.
2. Il neige à Grenoble.
3. Il y a du vent à Rennes.
4. Il y a des nuages dans l'ouest de la France.
5. Il gele à Bordeaux.
6. Il fait mauvais à Dublin.
7. Il pleut à Lens.
8. Il y a du brouillard à Deauville.

EXERCICE 4

Par deux, regardez l'image et parlez du temps qu'il fait à Nice aujourd'hui et chaque jour de la semaine.

Exemple

– Quel temps fait-il lundi ?
– Il y a des nuages.

– Quelle est la température ?
– Il fait 21 degrés.

Retenez !

If you need a few seconds to think about what you want to say next during an oral task, instead of *umming* and *ahhing* in English, try to use the French equivalents. The sounds euh, bon and bah will make you sound more like a native French speaker!

Nice
Nuages

19°

Vendredi

Samedi		21
Dimanche		22
Lundi		21
Mardi		20
Mercredi		19
Jeudi		19

5.3 Écoutez ! Track 53

Écoutez la météo et remplissez les grilles.

1.

Date of forecast	4 — 2 monday ✓
Weather in Paris	hot ✓ / cloudy ✓
Weather in Bordeaux	very hot ✓

2.

Date of forecast	friday 15 march ✓
Weather in Dublin	cold snowy ✓✓ 3°
Weather in Galway	freezing ✓ 0°

EXERCICE 5

Lisez la météo et répondez « vrai » ou « faux » aux affirmations.

Dans le nord, il y a du vent et il pleut. Il fait froid pour la saison avec 14 degrés seulement.

En Bretagne, il fait 18 degrés.

Dans l'est, il y a des nuages. Dans le centre et l'ouest, il y a du soleil. À Paris, il fait beau en général mais il y a un risque de brouillard. Il fait 20 degrés.

Il fait chaud et il y a du soleil dans le sud. Le température maximale à Nice est 28 degrés.

	True	False
1. The weather is good in the north.		✓
2. The weather is hot for the season in the north.	✓	
3. It is 18 degrees in Bretagne.	✓	✓
4. An umbrella is a good idea in Paris.		✓
5. There will be no fog in Paris.	✓	✓
6. It is cloudy in the east.		✓
7. It is hot and sunny in the south.	✓	
8. The minimum temperature in Nice is 28 degrees.		✓

5.4 Écoutez ! 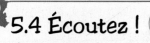 Track 54

Écoutez la météo des villes européennes et remplissez la grille.

Town	Weather	Temperature
Athens	the weather is fine	22 to 24 degrees
Dublin ✓	cold but sunny ✓	10 to 12 degrees ✓
Cork	Cloudy	5 to 8 degrees
Bruxells	pluet bad weather	12 to 14 degrees
London Londres	it is hot	25 to 28 degrees
Paris	The weather is fine but windy	13 to 17 degrees

Go to **page 42** of your *Chef d'œuvre* to complete Activité 1 : La météo.

 I can describe the weather.

5 Le Temps

Les saisons

le printemps   l'été   l'automne   l'hiver

Des mots clés

Au printemps	In spring
En été	In summer
En automne	In autumn
En hiver	In winter

 5.5 Écoutez !

CD 1 Track 55

Écoutez et répétez les saisons.

Retenez !

Notice that while you say *en été, en automne* and *en hiver*, you say *au printemps*. This is because spring is the only season that does not start with a vowel.

 EXERCICE 6

Lisez la description des saisons faite par Charlotte et répondez aux questions.

> « Au printemps, il y a du vent mais en général il fait beau. En été, il fait chaud et il y a du soleil. J'adore l'été parce que j'aime faire du jardinage. En automne, il pleut beaucoup et il fait mauvais. En hiver, il fait très froid. Il neige et il gèle. »

1. What is the weather like in spring? windy, the weather is fine
2. In which season does Charlotte say it rains? autumn
3. What is the weather like in summer? hot, sunny
4. In which season is it cold? winter
5. What is Charlotte's favourite season and why? summer gardening

Go to **page 103** of your *Chef d'œuvre* to fill in the fifth section of your *Tout sur moi !* fact file.

EXERCICE 7

Quelle est la saison ?

Exemple

Janvier est **en hiver**.

l'été

1. La Saint-Valentin est ___l'hiver___ ✓

2. Avril est ___le printemps___ ✓   5. Il neige ___hiver___ ✓

3. Il fait chaud ___été___   6. Août est ___été___ ✓

4. Halloween est ___automne___   7. Noël est ___hiver___ ✓

I know the four seasons.   😊 😐 ☹

EXERCICE 8

Lisez la lettre de Jean et répondez aux questions en anglais.

Nice, le 3 juillet

Chère Juliette,

Je m'appelle Jean et je suis ton nouveau correspondant. J'ai quinze ans. Quel âge as-tu ?

Je suis français et je parle le français et l'anglais. J'ai une sœur et je n'ai pas de frère. Ma sœur s'appelle Adèle. Elle a quatorze ans. Et toi, tu as combien de frères et sœurs ? Nous avons un chien qui s'appelle Rififi. Je t'envoie une photo de ma famille et moi devant notre maison.

J'habite à Nice, une assez grande ville dans le sud de la France. En été, il fait très chaud à Nice. Il y a toujours du soleil. Il pleut rarement. En hiver, il fait froid et il y a souvent du vent. Quel temps fait-il en Irlande ?

Écris-moi bientôt.

Amitiés,

Jean

1. How old is Jean? 15

2. What languages does he speak?
english and french

3. Does he have any brothers or sisters?
0   1

4. What pet does he have?
dog

5. What is the weather like in Nice in the summer?
very hot, rarely rains

6. What is the weather like in the winter?
cold, windy

Go to **page 49** of your *Chef d'œuvre* to complete Activité 2 : Cher Jean.

5 Le Temps

Les verbes réguliers en –re

You already know about the regular –er verbs and regular –ir verbs.
You will now learn the final set of regular verbs: the regular –re verbs.

As you know, regular verbs follow a set of rules. For the regular
–re verbs:

1. Choose the personal pronoun (je, tu, il, etc.).
2. Chop –re off the verb.
3. Add the correct ending. These are shown in the table below.

Retenez !

For the il / elle form of –re verbs, you drop the –re but you do not have to add an ending.

Je	–s	Il	–	On	–	Vous	–ez	Elles	–ent
Tu	–s	Elle	–	Nous	–ons	Ils	–ent		

Let's look at an example using the regular –re verb attendre (to wait for).

Attendre	
Je attend**s**	I wait for
Tu attend**s**	you wait for (*one person/informal*)
Il attend	he/it waits for
Elle attend	she/it waits for
On attend	one waits for
Nous attend**ons**	we wait for
Vous attend**ez**	you wait for (*more than one person/formal*)
Ils attend**ent**	they wait for (*masculine*)
Elles attend**ent**	they wait for (*feminine*)

Any regular –re verb will follow the same rules.
Below is a list of some helpful verbs that end in –re.

Descendre	to go down	Entendre	to hear
Vendre	to sell	Répondre	to answer
Fondre	to melt	Tondre	to mow
Perdre	to lose	Mordre	to bite
Rendre	to give back		

Elle fond !

C'est intéressant !

You may have noticed that not all French words that look or sound like English words share the same meaning. For example, the verb **attendre** means 'to wait' not 'to attend'. Another example is **car**, which means 'coach' in French, not 'car'.

These **faux amis** (false friends) can be tricky, so take note when you meet one!

5.6 Écoutez !

Écoutez et répétez les verbes réguliers en –re **vendre** et **entendre**.

EXERCICE 9

Complétez les verbes réguliers en –re.

Vendre	
Je vend__	nous vend__
tu vend__	vous vend__
il vend__	ils vend__
elle vend__	elles vend__
on vend__	

Répondre	
je répond__	nous répond __
tu répond __	vous répond __
il répond__	ils répond__
elle répond__	elles répond__
on répond__	

EXERCICE 10

Complétez chaque verbe avec la terminaison qui convient et traduisez les phrases.

1. J'attend_s___ le bus.

   _____

2. Il vend_____ sa maison.

   _____

3. Nous répond_____ à la question.

   _____

4. Vous tond_____ la pelouse.

   _____

5. Ils ne perd_____ pas le match.

   _____

6. Elles descend_____ l'escalier.

   _____

7. Le chocolat fond_____ au soleil.

   _____

8. Le chien mord_____ le facteur.

   _____

9. Elle ne répond_____ pas à ma lettre.

   _____

10. J'entend_____ les chats dans le jardin.

   _____

 I know the rules for regular –re verbs.

5 Le Temps

L'heure

'What time is it?' in French is **Quelle heure est-il ?**

First, let's look at times on the hour.

midi / minuit

onze heures

une heure

dix heures

deux heures

neuf heures

trois heures

huit heures

quatre heures

sept heures

cinq heures

six heures

> Quelle heure est-il ?

> Il est cinq heures.

Retenez !

Note that you must add an 's' to heure for all the hours after one (e.g. trois heures).

Des mots clés

Midi	midday
Minuit	midnight

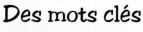

5.7 Écoutez ! CD 1 Track 57

Écoutez et répétez l'heure.

Now, let's look at some examples of minutes past the hour.

Il est deux heures cinq

Il est deux heures dix

Il est deux heures et quart   [kar]

Il est deux heures vingt-cinq

Il est deux heures et demie

Quelle heure est-il ?

Il es... heures et demie.

Retenez !

When it's half past midday or midnight, you take the 'e' off demie, making it demi. This is because the words midi and minuit are masculine. For example, « Il est midi et demi. »

For minutes to the hour, take the minutes away from the hour.

Il est trois heures moins vingt-cinq

Il est trois heures moins vingt

Il est trois heures moins le quart   quatre to

Il est trois heures moins dix

Il est trois heures moins cinq

Quelle heure est-il ?

Il est trois heures mois le quart.

🎧 5.8 Écoutez !
CD 1 Track 58

Écoutez et répétez l'heure.

EXERCICE 11

Regardez les horloges et écrivez l'heure en français.

1. deux heures ✓

2. Il est huit heures vingt

3. dix heures dix

4. onze heures moins le quart ✓

5. trois heure moins cinq ✓

6. dix heure et quart ✓

7. deux heures et demie ✓

8. six heure moins vingt ✓

9. neuf heure moins le cinq ✓

10. quatre heure ✓

11. six heure vingt-cinq

12. deux heure dix ✓

EXERCICE 12

Par deux, regardez les horloges de l'exercice 10 et demandez « Quelle heure est-il ? »

 I know how to ask and tell the time in French.

Les moments de la journée

le matin

l'après-midi

le soir

la nuit

Des mots clés

Du matin	in the morning
De l'après-midi	in the afternoon
Du soir	in the evening

5.9 Écoutez !

CD 1 Track 59

Écoutez et répétez les moments de la journée.

Quelle heure est-il ?

Il est sept heures du matin.

5 Le Temps

L'heure en France

When you look at timetables (**des horaires**) or opening hours (**des heures d'ouverture**) on shop doors in France, you

Horaires Du Mardi au Samedi 7h00 - 20h00 Fermé le Dimanche

will notice that times are written differently from here in Ireland. Rather than a.m. and p.m., the 24-hour clock is commonly used. This means that one o'clock in the afternoon becomes **treize heures**, and so on.

The letter 'h' – for **heures** – is often inserted between the hour and the minutes (e.g. 08h15, 17h00).

And don't forget, when you visit France you need to set your watch one hour ahead!

Retenez !

When expressing time using the 24-hour clock, do not use et quart or et demie. Instead, use quinze for quarter past, quarante-cinq for quarter to and trente for half past. For example, onze heures quinze (11h15), vingt heures quarante-cinq (20h45) and quinze heures trente (15h30).

EXERCICE 13

Complétez la grille.

14h30	Il est quatorze heures trente.
17h00	il est dix-sept heures
20:20	Il est vingt heures vingt.
08h15	il est huit heure et quart
15:50	Il est quinze heures cinquante.
23h05	il est vingt-trois cinq
19:15	Il est dix-neuf heures quinze.
12:30	Il est douze heures trente.
05h45	il est six heure moins le quart
18:45	Il est dix-huit heures quarante-cinq.

EXERCICE 14

Faites le calcul !

Exemple

13h15 + 10 minutes = <u>treize heures vingt-cinq</u>

1. 15h00 + 5 minutes = <u>quinze heure cinq</u>

2. 05h10 + 20 minutes = <u>cinq heure et dem..</u>

3. 09h55 + 5 minutes = <u>dix heure</u>

4. 20h30 + 15 minutes = <u>Vingt heure heure quarante-cinq</u>

5. 16h05 + 40 minutes = <u>quinze heure moins le quart</u>

6. 11h35 + 20 minutes = <u>onze heure cinq quante cinq</u>

7. 06h00 + 30 minutes = <u>six heure et demie</u>

8. 18h45 + 10 minutes = <u>dix-neuf heure cinquante</u>

9. 07h05 + 15 minutes = <u>sept heure vingt</u>

 I understand the 24-hour clock. 😊 😐 ☹️

EXERCICE 15

Lisez le texte sur la journée d'Yves et répondez aux questions en anglais.

« Bonjour ! Je m'appelle Yves. Pour moi, l'école commence à huit heures du matin. Tous les jours, nous avons deux cours avant la pause à dix heures moins dix.

Le déjeuner est à midi. Il dure deux heures, jusqu'à quatorze heures.

Le mercredi et le samedi, les cours finissent à treize heures.
Mais la plupart du temps, les cours finissent à dix-sept heures. »

1. What time does Yves start school in the morning? 8:00 am
2. What times is break? 9:50
3. What time does lunch begin? 12:00
4. What time does lunch end? 2:00
5. On what days does school finish at 1 p.m.? Saturday and wednesday
6. What time does school finish at on the other days? 17:00

Écoutez les conversations et écrivez l'heure qu'il est.

1. 08 h 20 ✓
2. 19 h 55 ✓
3. 07 h 25 ✓
4. 12 h 00 ✓
5. 12 h 50 ✓
6. 19 h 50 ✓

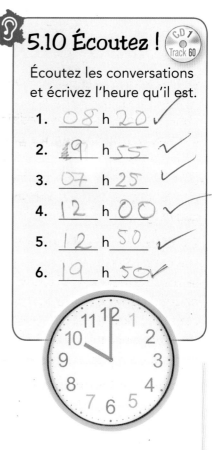

Noël en France

Christmas markets (**les marchés de Noël**) take place in many French cities and towns in the run up to Christmas. Here, people can enjoy traditional treats, such as roasted chestnuts (**des châtaignes grillées**) and hot chocolate (**du chocolat chaud**), and buy gifts (**des cadeaux**). Europe's oldest Christmas market, which began in 1570, is in Strasbourg – one reason the city is known as **la capitale de Noël** (the capital of Christmas).

On Christmas Eve (**la veille de Noël**) the French enjoy the main meal of the festive period. This meal is called **le réveillon**. Seafood, such as oysters (**des huîtres**) or smoked salmon (**du saumon fumé**), is a traditional starter. Turkey (**la dinde**) is often eaten as the main dish, but duck (**le canard**) or goose (**l'oie**) are just as likely to be served. It is customary to serve a chocolate Yule log (**une bûche de Noël**) as dessert.

Most French households put up a Christmas tree (**un sapin de Noël**) and decorations (**les décorations**). Santa is known as **Père Noël** (Father Christmas) in France. As in Ireland, he leaves presents for children on Christmas Eve – if they've been good! However, one difference is that he often leaves the gifts in shoes (**les chaussures**) that the children have placed by the fire.

At Christmastime, French people wish each other **Joyeux Noël** or **Bonnes Fêtes !**

Juste pour rire !
- Comment s'appelle le gâteau le plus dur du monde ?
- La bûche de Noël.

Des mots clés

Le Père Noël	Father Christmas	Une carte de Noël	Christmas card
Le sapin de Noël	Christmas tree	Le houx	Holly
Une dinde	Turkey	Le gui	Mistletoe
Un bonhomme de neige	Snowman	Les décorations	Decorations
Les rennes	Reindeer	Les lutins	Elves
Une étoile	Star	Les chants de Noël	Christmas carols

EXERCICE 16

Reliez les nombres avec les lettres.
Match the numbers to the letters.

1. une dinde	(a.)	**6.** un lutin	(f.)
2. le sapin de Noël	(b.)	**7.** le houx	(g.)
3. les cadeaux	(c.)	**8.** un renne	(h.)
4. une étoile	(d.)	**9.** les décorations	(i.)
5. le Père Noël	(e.)	**10.** un bonhomme de neige	(j.)

1.	2.	3.	4.	5.	6.	7.	8.	9.	10.
g	e	f	i	a	h	b	d	j	c

EXERCICE 17

Lisez la carte de Noël de Sylvie et répondez aux questions en anglais.

Chère Eimear,

Joyeux Noël à toi et à ta famille !

Que fais-tu la veille de Noël ? Nous faisons un grand dîner à la maison, avec mes tantes, mes oncles et mes cousins. Ce que je préfère, c'est le dessert. La bûche de Noël de ma mère est délicieuse ! Après le dîner, nous chantons des chants de Noël.

Bonnes Fêtes

Il neige ici à Lyon. Je vais faire un bonhomme de neige cet après-midi ! Quel temps fait-il à Tralee à Noël ?

J'espère que le Père Noël vient, et qu'il apporte beaucoup de cadeaux !

Sylvie

5 Le Temps

1. Who comes to Sylvie's house for a meal on Christmas Eve? *her aunts, uncles and cousins*
2. What is Sylvie's favourite part of the meal? *desert*
3. What happens after dinner? *they sing christmas carols*
4. What is the weather like in Lyon? *snowy*
5. What does Sylvie plan to do in the afternoon? *Build a snowman*
6. What does she hope Santa does? *brings her all her presents*

Go to **page 51** of your *Chef d'œuvre* to complete Activité 3 : Une carte de Noël à Sylvie.

Le dossier francophone : La Principauté de Monaco

C'est intéressant !

Unlike France, Monaco has a royal family. The country's full name, La Principauté de Monaco, shows that it is under the rule of a prince. The reigning Prince of Monaco is Albert II.

Le drapeau :

La capitale : Monaco

C'est intéressant !

Monaco has a population of only 36,000 people and is only two square kilometres in size, making it the second smallest country in the world (after the Vatican).

La monnaie : L'euro

Des montagnes : Le Mont Agel

C'est intéressant !

Situated on the Côte d'Azur, Monaco has over 300 sunny days a year.

Des sites touristiques : Le Palais Princier, la Cathédrale Notre-Dame-Immaculée, le Musée océanographique, le Casino de Monte-Carlo, l'Opéra de Monte-Carlo

Des personnes célèbres :
Albert II, Princesse Caroline,
Princesse Stéphanie,
Daniel Elena (pilote automobile),
Sebastian Prieto (joueur de handball),
Léo Ferré (auteur-compositeur-interprète),
Alexandra Coletti (skieuse)

C'est intéressant !

Although it is world famous for its casino, Monaco's own citizens are not permitted to gamble. The casino is hugely popular with wealthy international visitors.

C'est intéressant !

In 1956, American film star Grace Kelly was crowned Princess of Monaco when she married Prince Rainier III. Albert II is their son.

La nourriture : La socca (chickpea pancakes), le pan bagnat (tuna sandwich), le barbagiuan (fritter filled with spinach and cheese)

C'est intéressant !

Because of its geographical location, Monaco has both French and Italian culinary influences.

Des fêtes : Le Rallye automobile de Monte-Carlo (janvier), le Festival du cirque de Monte-Carlo (janvier), le Bal de la Rose (mars), le Grand Prix de Formule 1 de Monaco (mai)

5 Le Temps

Résumé

EXERCICE A

Trouvez les mots dans la grille.

| froid | vent | gèle | chaud | nuages | neige |
| mauvais | soleil | beau | brouillard | pleut | |

```
O W R Q P K K V K K R Y I Y Y H Q D D O
R N Z K T J V C O X W G F F A Y Q K L E
B K N C P K I V H K S N C V A U H I C G
P C F T E G P G F A U D W X Q R D B S U
D D N T F W L L X X U A D L X D K F O C
S B Q C Y D E V N H S D F A L L D A L B
W H E F Y N U D W K D G L A N K G W E Q
P H I U K E T F L H D W I G J S K C I L
X V V M B I I J B B G F G Y F P E I L X
X C N S E G B L A R J A D S J T E V N C
B T H A A E X J Z Z O T U X G G K Y U T
D R N M U T G S P R N U H G I A S U A V
X M T O B S L A E U Q Q I T È I E P G S
T T V A Z D P F X S C R E L A L I U E O
L N C U N Q H R I O Z Y V V L Y E O S N
J K H T Y X J O T D F G U E U A M E R F
Q G S Z K E P I C N Z A G Z N K R P S B
D U K P R T R D T Q M Z R K B T V D Y A
F L V S Y U D B B G E C O A R V N T O O
E R X V S A D N K Y J C P K B O T K C X
```

EXERCICE B

Quel temps fait-il à … ?

Paris		il peut	Nancy		il y a du soleil
Lyon		il y a des nuages	Bordeaux		il fait chaud
Marseille		il y a du vent	Limoges		il fait froid
Dijon		il gele	Strasbourg		il neige

EXERCICE C

Remettez les lettres dans le bon ordre pour trouver le temps qu'il fait.

1. li negie: _____

2. il y a dse guenas: _____

3. il lèeg: _____

4. il y a ud tnev: _____

5. li y a du slolie: _____

6. li tulep: _____

EXERCICE D

Complétez la grille avec les terminaisons des verbes réguliers.

	–er	–ir	–re
Je			s
Tu			
Il	e		
Elle			
On			
Nous			
Vous			
Ils			
Elles		issent	

5 Le Temps

EXERCICE E

Reliez les nombres avec les lettres.

1.	Finir	a.	To speak
2.	Choisir	b.	To blush
3.	Chanter	c.	To build
4.	Vendre	d.	To lose
5.	Attendre	e.	To give
6.	Obéir	f.	To finish
7.	Trouver	g.	To hear
8.	Perdre	h.	To sell
9.	Rougir	i.	To love
10.	Donner	j	To obey
11.	Punir	k.	To sing
12.	Entendre	l.	To find
13.	Parler	m.	To choose
14.	Bâtir	n.	To punish
15.	Aimer	o.	To wait for

1.	2.	3.	4.	5.	6.	7.	8.	9.	10.	11.	12.	13.	14.	15.
f.														

EXERCICE F

Traduisez les phrases en français.

1. I speak French. _____

2. School finishes at 4 p.m. _____

3. They wait for the teacher. _____

4. He does not give homework. _____

5. She is not selling her house. _____

6. They are building a house. _____

7. I love cats. _____

8. They choose a dog. _____

9. We sing Christmas carols. _____

10. They give presents. _____

EXERCICE G

Quelle heure est-il ?

02:00	02:55	03:45	07:15
il est deux heures ✓	il est trois moins cinq ✓	il est quatre moins le quart ✓	il est une heure et quart ✓

15:30	18:50	20:10	24:00
il est quinze et demie ✓	il est dix-~~neuf~~ huit heures moins dix ✓	il est vingt heures dix ✓	il est vingt-quatre heures ✓

EXERCICE H

CD 1 Track 61

Écoutez et entourez les heures que vous entendez.

1.	11h40	13h40	(11h30)	12h40 ✓
2.	15h20	(13h20)	14h30	16h30 ✓
3.	09h10	19h10	07h10	(17h10) ✓
4.	16h50	(06h50)	07h50	17h50 ✓
5.	08h30	19h20	18h30	(08h25) ✓

EXICE I

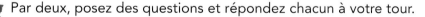

Par deux, posez des questions et répondez chacun à votre tour.

1. Quelle est la date aujourd'hui ?
2. En quelle saison sommes-nous ?
3. Quel temps fait-il aujourd'hui ?
4. Quel temps fait-il en Irlande en juin ?
5. Quel temps fait-il en Irlande en décembre ?
6. Quelle heure est-il ?

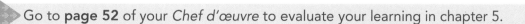

Go to **page 52** of your *Chef d'œuvre* to evaluate your learning in chapter 5.

5 Le Temps

Le texte authentique

Regardez la prévision météo et répondez aux questions.

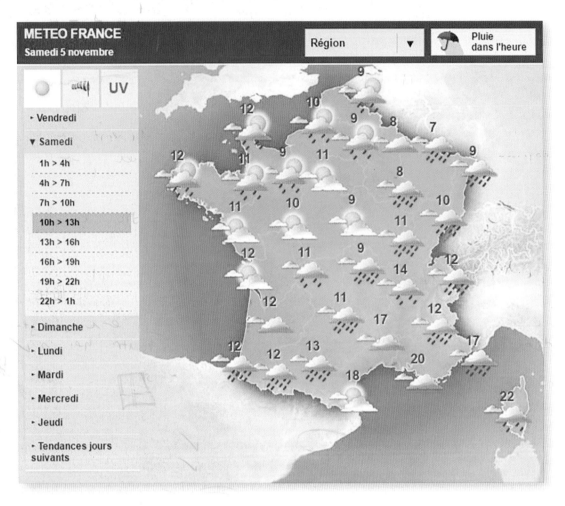

1. What date is this forecast for?
2. What time is the forecast for?
3. What kind of weather is there a warning about in top right of the image?
4. Complete the following table.

	Vrai	Faux
Il pleut dans le nord-est.		
Il gèle dans le sud-ouest.		
Il fait soleil avec des nuages et de la pluie dans le nord-ouest.		
Dans le centre, il neige.		
Il fait 12 à 20 degrés dans le sud-est.		

 Go to **educateplus.ie/resources/allons-y** to complete the interactive exercises for chapter 5.

Je joue du violon.

Les passe-temps

You know how to talk about school and about spending time with your family, but what do you do in your spare time?

Que fais-tu pendant ton temps libre ?

Pendant mon temps libre, j'aime …

faire du sport
play sport

aller au cinéma
go to the cinema

jouer d'un instrument

écouter de la musique
listen to music

regarder la télévision
watch tv

lire des romans
read books

utiliser les réseaux sociaux
use social media

rencontrer des amis
meet up with friends

faire du shopping
go shopping

C'est intéressant !

In a survey of French 13 to 19 year olds, 61 per cent said that spending time with friends was their preferred pastime. Being online was the second most popular activity, followed by listening to music.

Retenez !

In French, the word for 'friend/s' changes depending on whether you are talking about a female friend (mon amie), a male friend (mon ami) or more than one friend (mes amis / amies). A mixed group of friends is described using the masculine plural form, mes amis.

6.1 Écoutez !

CD 2
Track 2

Écoutez et répétez les passe-temps.

EXERCICE 1

Lisez ce que ces gens font pendant leur temps libre et répondez aux questions.

Salut ! Je m'appelle Jean. Après l'école j'aime regarder la télévision. J'adore les émissions de science-fiction.

TV programme

Je m'appelle Noelle. La musique est ma passion ! J'aime écouter mon iPod chaque matin et soir. Le week-end, j'adore aller aux concerts.

every morning and evening

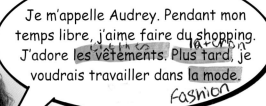

Je m'appelle Audrey. Pendant mon temps libre, j'aime faire du shopping. J'adore les vêtements. Plus tard, je voudrais travailler dans la mode.

clothes *later on*
fashion

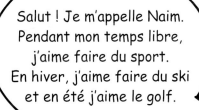

Salut ! Je m'appelle Naim. Pendant mon temps libre, j'aime faire du sport. En hiver, j'aime faire du ski et en été j'aime le golf.

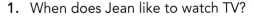

1. When does Jean like to watch TV?
2. What type of TV does he enjoy?
3. What does Audrey do in her free time?
4. When does Noelle like to listen to her iPod?
5. What does she do at the weekend?
6. What sport does Naim play in summer?

EXERCICE 2

Par deux, parlez de vos passe-temps.

– Que fais-tu pendant ton temps libre ?
– Pendant mon temps libre, j'aime …

 I can talk about what I do in my free time.

 Go to **page 56** of your *Chef d'œuvre* to complete Activité 1 : Sondage sur les passe-temps.

6 Les passe-temps

 ## Le cinéma français

The world's very first film, made by the Lumière brothers, was shown in Paris on 28 December 1895. Today, France's film industry continues to be hugely successful. *Amélie*, a 2001 film about a quirky Parisian waitress, grossed over $173 at the box office worldwide. In 2011, *The Artist*, a comedy (**une comédie**) about silent film actors, won five Oscars, including Best Picture.

Every May, one of the world's oldest and most well-known film festivals takes place in Cannes in the south of France. The **Palme d'Or** (Golden Palm) is awarded for the best film (**le meilleur film**). During the festival, the Palm Dog award is presented for the best canine performance! A Jack Russell called Uggie won it for his role in *The Artist*.

Film stars (**les vedettes de cinéma**) from France who are famous around the world include Marion Cotillard, Vincent Cassel, Juliette Binoche, Audrey Tautou and Guillaume Canet.

Paris has the largest number of cinemas in the world per person. As in Ireland, a trip to the cinema with friends is a popular pastime for French teenagers.

 ## Des mots clés

Une comédie	Comedy
Un drame	Drama
Un film d'aventure	Adventure film
Un film d'amour	Love story
Un western	Western
Un film d'horreur	Horror film
Un film de science-fiction	Sci-fi film
Un film policier	Detective film
Un dessin animé	Cartoon
Un film d'action	Action film
Une comédie musicale	Musical
Un documentaire	Documentary

Je préfère les westerns. Je déteste les films d'amour.

 ## 6.2 Écoutez !

CD 2 Track 3

Écoutez les gens et remplissez la grille.

Name	Favourite genre	Favourite film
Sabine	Cartoon animé	Aladdin
Laura	love story	titanic
Mohammed	Sci-fi film	Star wars
Mathieu	Horror film	Scream

Les instruments de musique

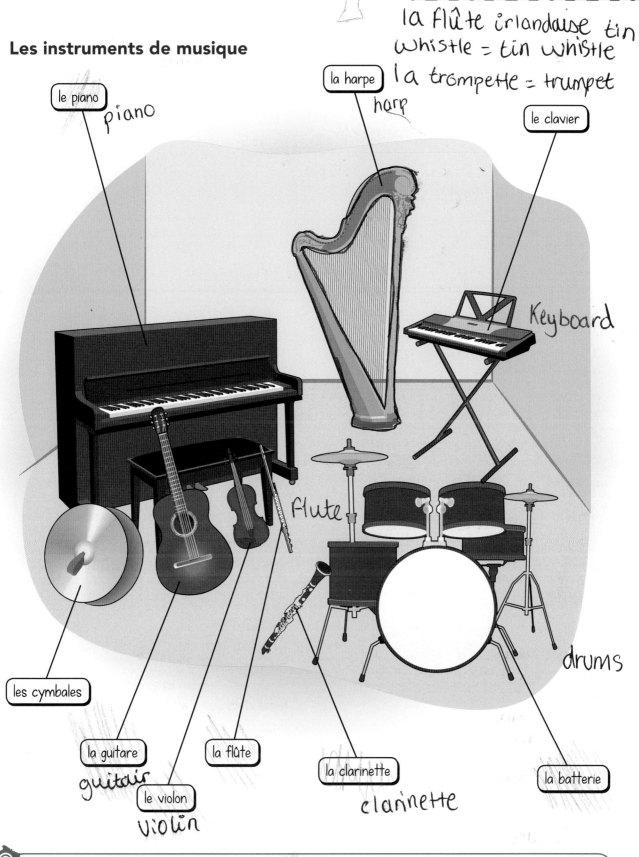

le piano
piano

la harpe
harp

la flûte irlandaise tin whistle = tin whistle
la trompette = trumpet

le clavier
Keyboard

les cymbales

la guitare
guitair

le violon
violin

la flûte
flute

la clarinette
clarinette

la batterie
drums

6.3 Écoutez ! CD 2 Track 4

Écoutez et répétez les instruments de musique.

I know the musical instruments vocabulary.

Jouer de

— Sound the same

You already know that **jouer** (to play) is a regular –er verb.

Jouer	
Je joue 🎵	I play
Tu joues 🎵	you play (*one person/informal*)
Il joue 🎵	he plays
Elle joue 🎵	she plays
On joue 🎵	one plays
Nous jouons	we play
Vous jouez	you play (*more than one person/formal*)
Ils jouent 🎵	they play (*masculine*)
Elles jouent 🎵	they play (*feminine*)

Retenez !

Unlike 'de la', the phrase 'de le' does not exist in French! When a masculine noun comes after the preposition de, it becomes du.

However, the preposition that follows **jouer** depends on what you are talking about playing.

Jouer de is used when you are talking about playing a musical instrument.

Jouer +	Form of de	Example
masculine noun	du (*de + le = du*)	Je joue du piano.
feminine noun	de la (*de + la = de la*)	Je joue de la guitare.
plural noun	des (*de + les = des*)	Je joue des cymbales.

vowel   *de l'*   *Je joue de l'accordeon*

You will find out how **jouer** is used when talking about sports in chapter 10.

EXERCICE 3

Remplissez les blancs avec **du**, **de la** ou **des**.

1. Je joue _du_ piano.

2. Elle joue _de la_ harpe.

3. Luc joue _du_ violon.

4. Il joue _de la_ batterie.

5. Tu joues _de la_ flûte.

6. Louis joue _du_ clavier.

7. Je joue _des_ cymbales.

8. Paul joue _de la_ guitare.

Je joue de la guitare.

Je joue du violon.

I understand how to use the verb jouer when talking about playing an instrument. 🙂 😐 🙁

La Fête de la Musique

The first Fête de la Musique was held in Paris in 1982 with the aim of bringing music to the public. Since then, the festival has spread throughout France and to cities around the world.

On 21 June every year, professional and amateur singers (**les chanteurs / chanteuses**) and bands (**les groupes**) perform on street corners, in train stations, cafés and restaurants, as well as in music venues.

Every genre of music is represented, from traditional (**la musique tradionnelle**), classical (**la musique classique**) and jazz (**le jazz**) to hip hop (**le hip-hop**), rock (**le rock**), pop (**le pop**) and electronic music (**la musique électronique**).

All of the concerts are free and many French teenagers attend the celebration with their friends.

Chante - to sing   une chorate - choir

6.4 Écoutez ! CD 2 Track 5

Écoutez les gens et remplissez la grille.

Name	Instrument(s)		Favourite genre(s)	
Camille	*piano*	✓	*hip hop*	✓
Léo	*violin*	✓	*classical*	✓
Hugo	*Drums*	✓	*rock*	✓
Manon	*0*	✓	*pop*	✓
Sacha	*Flute, hap*	✓	*traditional*	✓
Armand	*guitar*	✓	*pop, rock*	✓
Chloé	*violin, sing*	✓	*Jazz, hip hop, pop*	

EXERCICE 4

Par deux, parlez de la musique.

> – Quel est ton style de musique préféré ?
>
> – Quel est ton chanteur préféré ? / Quelle est ta chanteuse préférée ?

 EXERCICE 5

Lisez le texte sur la série télévisée *Friends* et répondez « vrai » ou « faux » aux affirmations.

Friends est une série comique. Elle s'est terminée en 2004, mais c'est toujours une émission très populaire chez les jeunes en France aujourd'hui. Elle est diffusée sur Netflix France.

Ross, Rachel, Joey, Phoebe, Monica et Chandler sont six amis qui vivent à New York. Ross et Monica sont frère et sœur. Les personnages sont très différents, mais ils sont tous drôles.

Les amis passent beaucoup de temps dans le café Central Perk. Phoebe chante et joue de la guitare dans le café. Elle a une chanson qui s'appelle « Tu pues le chat ».

	True	False
1. *Friends* is a drama series.	☐	☑
2. It is popular with young French people.	☑	☐
3. It is on Netflix France.	☑	☐
4. Ross and Monica are husband and wife.	☐	☑
5. The characters are all very similar.	☐	☑
6. Phoebe plays the keyboard.	☐	☑
7. One of her songs is about a cat.	☑	☐

 ## Des mots clés

Un jeu télévisé	Game show
Un feuilleton	Soap opera
Les actualités / le JT (journal télévisé)	News
Une émission de musique	Music programme
Une émission de sport	Sports programme
Une émission pour les enfants	Children's programme
Une émission de télé-réalité	Reality TV programme
Une émission de science-fiction	Science-fiction programme
Une série policière	Police series

 ## 6.5 Écoutez !

Écoutez et répétez les genres d'émissions.

EXERCICE 6

Lisez le texte et répondez aux questions en anglais.

« Bonjour ! Je m'appelle Théo et j'ai treize ans. J'habite à Lyon avec ma famille. J'aime regarder la télé pendant mon temps libre.

Je regarde la télé avec mon frère, Nathan. Nous regardons les émissions de sport. Je préfère le foot et mon équipe préféréé est Liverpool.

J'adore les jeux télévisés. Mon émission préférée est *Fort Boyard* car elle est très amusante. Je déteste les émissions de télé-réalité. Ma sœur regarde *La France a un incroyable talent*. C'est très ennuyeux. Il y a beaucoup de mauvais chanteurs !

Ma mère adore les feuilletons mais moi je les trouve trop barbants. Mon père regarde les séries policières. Il adore *Engrenages*. Moi, je suis trop jeune pour la regarder. »

1. Which member of the family does Théo watch sports programmes with? *Brother*
2. What other type of programme does Théo enjoy? *game shows*
3. What programme does Théo's sister watch and why doesn't he like it? *la France a un incroyable talent, annoying*
4. What type of programme does his mum watch? *Soap opera*
5. What type of programme does his father watch? *police series*
6. Why can't Théo watch *Engrenages* with his dad? *hes too young*

6.6 Écoutez !
Track 7

Écoutez les gens et remplissez la grille.

Name	Type of programme	Favourite programme	Day(s)	Time
Malik	Soap operas	Plus belle la vie	lundi – mecredi	10:
Florence	Reality	Keeping up with the Karashians	Sunday	9 p.m.
Mélodie	Science fiction	Doctor Who	mardi	10:30
Léon	Sports	football match	Saturday	12:00
Didier	Comedy	Big Bang theory	Tuesday	8:00

7:00

EXERCICE 7

Par deux, parlez de la télévision.

– Quel genre d'émissions aimes-tu ? *J'aime*
– Quelle est ton émission préférée ?

I can talk about what I watch on TV.

6 Les passe-temps

Le verbe irrégulier lire

Although the verb **lire** (to read) ends in –re, it does not follow the –re rules. This means that, like other irregular verbs, you must learn it well.

Je lis des romans.

Lire	
Je lis	I read
Tu lis	you read *(one person/informal)*
Il lit	he reads
Elle lit	she reads
On lit	one reads
Nous lisons	we read
Vous lisez	you read *(more than one person/formal)*
Ils lisent	they read *(masculine)*
Elles lisent	they read *(feminine)*

 6.7 Écoutez !

Écoutez et répétez le verbe **lire**.

 EXERCICE 8

Remplissez les blancs avec le verbe **lire**.

1. Je ___lis___ des magazines de sport. *i read sport magazines*

2. Julie ___lit___ des romans classiques. *Julie reads classical novels*

3. Mon frère ne ___lit___ pas. Quel dommage ! *my brother doesn't read what a pity*

4. Nous ___lisons___ To Kill a Mocking Bird en ce moment. *we read to Kill a mocking bird at the moment*

5. Ils ___isent___ quand ils sont en vacances. *they read when they are on holidays*

6. Elles ___lisent___ des BD. *they read comics*

7. Tu ne ___lis___ pas de romans policiers. *you don't read detective novels*

8. Je ___lis___ tous les soirs. *i read every night*

 I know the irregular verb lire.

Les bandes dessinées

Comics (**les bandes dessinées**, shortened to **les BD**) are very popular in France among teens (**les ados**) and adults.

Classics such as *Astérix* and *Les Aventures de Tintin* are still widely read and comics commonly make it on to France's bestseller list. *Titeuf* – all about a young boy's life – now sells over one million copies per issue and has been made into a video game, a TV series and a film.

Every January, the **Festival International de la Bande Dessinée** is held in the southwestern city of Angoulême and is attended by over 200,000 comic fans. The festival gives visitors the chance to meet their favourite artists and encourages young people to get involved with the world of comic books.

A Fête de la Bande Dessinée now takes place in Dublin, during which Irish and French cartoonists give talks and exhibit their work.

Des mots clés

Un livre	Book	Les romans	Novels
Les bandes dessinées (les BD)	Comics	Les romans policiers	Detective novels
Les magazines	Magazines	Les romans classiques	Classic novels
Les romans de science-fiction	Science fiction novels	La littérature fantastique	Fantasy literature

6.8 Écoutez !

CD 2
Track 9

Écoutez et répétez les genres de livres.

EXERCICE 9

Lisez les textes sur les livres et répondez aux questions en anglais.

Harry Potter and the Philosopher's Stone

Harry et ses amis sont élèves à Hogwarts. C'est une école pour les sorciers et les magiciens. Comme les parents de Harry sont morts, ses amis sont sa famille. Les livres de Harry Potter sont très appréciés en Irlande et en France.

The Fault in Our Stars

Pendant une réunion pour des adolescents qui ont le cancer, Hazel rencontre un garçon qui s'appelle Gus. Ils tombent amoureux. Grâce à leur sens de l'humour leur histoire est à la fois drôle et très triste.

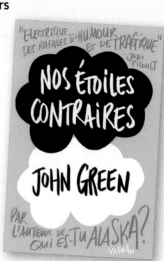

Diary of A Wimpy Kid

C'est une nouvelle année scolaire pour Greg et son meilleur ami Rowley. Greg est plus petit que les autres élèves de son école. Il écrit toutes ses aventures dans son journal. Ce livre est vraiment drôle et recommandé pour tous les adolescents.

Twilight

Bella habite avec son père à Forks. Un jour, elle rencontre un beau garçon. Edward n'est pas comme les autres garçons. Il est mystérieux – en fait, il est vampire. Ils tombent amoureux mais leur histoire d'amour n'est pas simple.

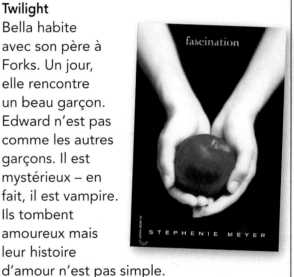

1. Which book is about a teenager who lives with their father?
2. Which book tells the story of a boy whose parents died?
3. Which book tells the story of a teenager who is smaller than their friends?
4. Which book is funny and sad at the same time?
5. Which book is a complicated love story?

Retenez !

The French titles of books, films and TV shows originally produced in English are not always direct translations.

EXERCICE 10

Par groupes de quatre, parlez de vos livres préférés.

I can talk about reading.

La technologie

Today, many French people read books and magazines using an e-reader (**une liseuse**) or tablet (**une tablette**). As in Ireland, technology is a growing part of life for French teens and they spend part of their free time online (**en ligne**).

Most young people have a mobile phone (**un portable**), which they use to send texts (**envoyer des textos**), and a computer (**un ordinateur**). Many have a Facebook account (**un compte Facebook**) and use social networks (**les réseaux sociaux**) such as Twitter, Snapchat and Instagram.

Playing video games (**jouer aux jeux vidéos**) is another popular pastime for French teens.

C'est intéressant !

Common French **texto** abbreviations include 'bjr' for **bonjour**, 'mdr' for **mort de rire** (dying laughing) and 'jtm' for **je t'aime** (I love you).

lol

6.9 Écoutez ! CD 2 Track 10

Écoutez les gens et remplissez la grille.

Activitiés	Kevin	Clémence	Raoul	Lena
Se connecter à Facebook	✔	✗	✓	✗
Télécharger de la musique *download*	✗	✗	✓	✗
Faire du shopping	✗	✓	✗	✗
Aller sur des blogs	✗	✓	✗	✗
Envoyer des emails *to send emails*	✗	✗	✗	✔
Regarder des vidéos	✗	✗	✗	✓
Faire des recherches pour le travail scolaire *to do some research for school*	✗	✓	✗	✓
Envoyer des photos	✔	✗	✗	✗

EXERCICE 11

Par deux, parlez de ce que vous faites en ligne.

– Qu'est-ce que tu fais en ligne ?

Go to **page 104** of your *Chef d'œuvre* to fill in the sixth section of your Tout sur moi ! fact file.

Les adjectifs

In chapter 2 (page 34), you learned that the most common way to make an adjective feminine is to add an **–e**, and that if it already ends in an **–e** you do not need to add anything to the singular form.

Some adjectives follow different rules.

Il est heureux.

- If an adjective ends in **–eux** in the masculine singular form, it changes to **–euse** in the feminine singular form.

Masculine singular	Feminine singular	Masculine plural	Feminine plural
heureux	heureuse	heureux	heureuses
paresseux	paresseuse	paresseux	paresseuses

Elle est heureuse.

- If the adjective ends in **–if** in the masculine singular form, it changes to **–ive** in the feminine singular form.

Masculine singular	Feminine singular	Masculine plural	Feminine plural
sportif	sportive	sportifs	sportives
actif	active	actifs	actives

Des adjectifs irréguliers

Irregular adjectives do not follow any rules. These need to be learnt by heart.

Masculine singular	Feminine singular	Translation
beau	belle	beautiful
blanc	blanche	white
bon	bonne	good
doux	douce	soft
favori	favorite	favourite
gentil	gentille	nice / kind
long	longue	long
mignon	mignonne	cute
nouveau	nouvelle	new
vieux	vieille	old
violet	violette	purple

Ils sont sportifs.

Elles sont sportives.

EXERCICE 12

Corrigez les erreurs dans les adjectifs.

1. Ma chambre est très grand.e
2. Ma sœur est gentile. gentille
3. La maison est blanc. blanche
4. Sa tante est grand.e
5. Mes oncles sont actives. actifs
6. Le chat est paresseuse. paresseux
7. Le chien est mignonne. mignon
8. Ma meilleur amie est sportif. sportive
9. Le film est nouvelle. nouveau
10. Les trousses sont petit. es

Retenez !
Note that the masculine plural form of adjectives ending in –eux are unchanged from the masculine single form.

 I know the irregular adjectives.

EXERCICE 13

Lisez le blog de Delphine et répondez aux questions en anglais.

http://Delphine/blog

Le monde de Delphine

Lundi 3 avril

Bonjour ! Aujourd'hui, j'écris tout sur ma personne préférée – ma meilleure amie, Julie. Elle a seize ans. Elle est dans ma classe au collège.

Comme moi, Julie adore la musique pop. Notre chanteuse préférée est Sia. Nous aimons regarder ses vidéos sur YouTube.

Nous bavardons et nous ne nous disputons pas. Julie est une très bonne amie parce qu'elle est généreuse, intelligente et drôle.

Chaque soir, nous nous envoyons des textos et des Snapchats.

À la prochaine !

Delphine xox

Mots clés : mes amis, la musique

À propos

Je m'appelle Delphine. J'ai seize ans. J'habite à La Rochelle, près de la mer. J'aime rencontrer mes amis, écouter de la musique et aller au cinéma. Bienvenue dans mon monde ! Suivez-moi sur Instagram et Snapchat.

Catégories

Mes amis (16)

Ma famille (9)

Mes photos (8)

La musique (17)

Les films (14)

6 Les passe-temps

1. Where does Delphine live? *la Rochelle*
2. Which two categories does Delphine blog about the most? *music / friends*
3. Who is Julie? *her friend*
4. What do Delphine and Julie have in common? *they both like music*
5. Why qualities does Delphine think make Julie a good friend? *generous, smart, funny*
6. What do the friends do each evening? *text on snapchat*

Go to **page 57** of your *Chef d'œuvre* to complete Activité 2 : Mon blog.

Les couleurs

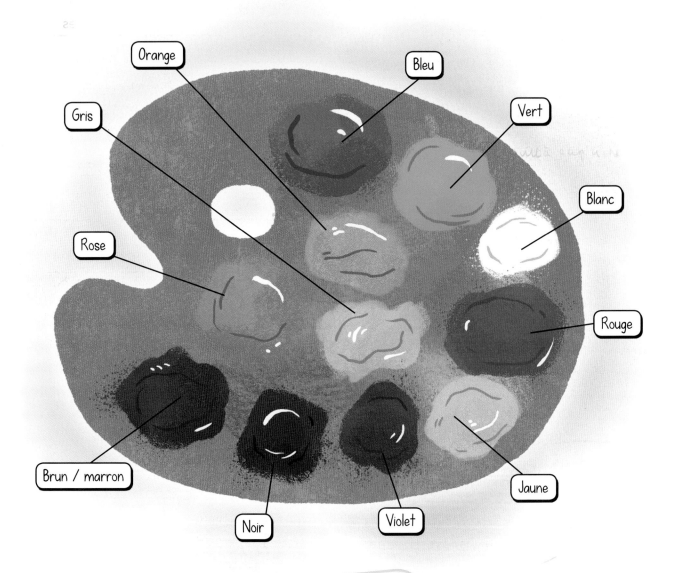

Orange

Bleu

Vert

Gris

Blanc

Rose

Rouge

Brun / marron

Jaune

Noir

Violet

C'est intéressant !

As in English, a number of French idioms are related to colour. The phrase **rire jaune** (literally translated as 'to laugh yellow') means to fake laugh. **Avoir une peur bleue** ('to have a blue fear') means to be scared and **être blanc comme neige** ('to be as white as snow') means to be innocent.

Retenez !

Colours are adjectives. While most follow regular adjective rules, blanc and violet are irregular (see page 148).

6.10 Écoutez !

CD 2 Track 11

Écoutez et répétez les couleurs.

 I know the colours vocabulary.

EXERCICE 14

Remplissez la grille avec les formes correctes des adjectifs.

	Masculine singular	Feminine singular	Masculine plural	Feminine plural
	rouge	Rouge	rouges	rouges
	bleu	bleue	Bleus	Bleues
	Vert	verte	verts	vertes
	jaune	jaune	jaunes	jaunes
	violet	Violette	violets	Violettes
	noir	noire	noirs	Noires
	gris	grise	gris	gries
	blanc	Blanche	blancs	Blanches
	brun	Brune	Bruns	Brunes
	orange	orange	oranges	oranges
	rose	rose	roses	Roses

EXERCICE 15

Dites la couleur, pas le mot !

1. Orange
2. Violet
3. Jaune
4. Vert
5. Bleu
6. Gris
7. Rouge
8. Rose

EXERCICE 16

Remplissez les blancs avec les couleurs.

1. Le chat est gris

2.  La guitare est rouge

3.  Les crayons sont bleus

4. Le livre est violet

5.  Le cheval est brun

6.  La télévision est jaune et noire

7.  Les stylos sont verts

8.  Le canapé est rose

9. La souris est blanche

10. La citrouille est orange

Les vêtements

un pull	un pantalon	une chemise	une capuche *el hoodie* / *une pull à capuche*
une jupe	une robe	des gants	un chapeau
une écharpe	une cravate	des chaussettes	des chaussures
des baskets	un jean	un survêtement *un jogging*	un tee-shirt
un pyjama	un manteau	une veste	un maillot de bain
un sac à main	des lunettes de soleil	une casquette	un parapluie

6.11 Écoutez !

Écoutez et répétez les vêtements.

 EXERCICE 17

Remettez les lettres dans le bon ordre et ajoutez l'article défini.

1. eupj ___une jupe___
2. nteaaum ___un manteau___
3. nagst ___des gants___
4. cpeauch ___une capuche___
5. vatarce ___une cravate___

6. llup ___un pull___
7. ntpaanlo ___un pantalon___
8. mesihce ___une chemise___
9. hussettaecs ___des chaussettes___
10. ssteakb ___des baskets___

 I know the clothes vocabulary.

 ## La mode française

Many of the leading fashion houses, including Dior, Chanel and Yves Saint Laurent, originated in France. Paris has long been thought of as the fashion capital of the world.

Paris Fashion Week (**la semaine de la mode à Paris**) takes place twice a year, during which designers from all over the world hold fashion shows (**les défilés de mode**) to showcase their clothes for the coming season. **Haute couture** (high fashion) shows exhibit the fashion houses' most elaborate (and expensive!) handmade garments.

Le Salon du Chocolat combines France's excellence in both chocolate making and fashion design to put on an annual fashion show featuring dresses made of chocolate.

Retenez !

In French, the words for socks (des chaussettes) and shoes (des chaussures) are quite similar. A good way to remember the difference is the rhyme 'Your feet will get wet if you only wear des chaussettes.'

Le verbe régulier porter

The verb **porter** is a regular –er verb. Although it means 'to wear' when talking about clothes, note that it can also be used to mean 'to carry'.

Porter	
Je porte	I wear/carry
Tu portes	you wear/carry (*one person/informal*)
Il porte	he wears/carries
Elle porte	she wears/carries
On porte	one wears/carries
Nous portons	we wear/carry
Vous portez	you wear/carry (*more than one person/formal*)
Ils portent	they wear/carry (*masculine*)
Elles portent	they wear/carry (*feminine*)

Je porte une robe orange.

EXERCICE 18

Traduisez les phrases en français.

1. I wear a blue tie. *Je porte une cravate bleue.* ✓

2. You wear a yellow dress. *tu portes une robe jaune.* ✓

3. She wears a purple hat. *elle porte un chapeau violet.* ✓

4. She wears green socks. *elle porte des chaussettes vertes* ✓

5. I wear a pink skirt. *Je porte une jupe rose.* ✓

6. You wear a black sweater. *tu portes un pull noir* ✓

7. I wear green shoes. *Je porte des chaussures verts* ✓

8. We wear orange T-shirts *nous portons des tee-shirt oranges.* ✓

9. They wear red dresses. *elles portent une des robes rouges.*

10. He wears a brown baseball cap. *il porte une casquette brun.* ✓

EXERCICE 19

Par deux, parlez des vêtements.

– Aimes-tu les vêtements ?

– Qu'est-ce que tu portes aujourd'hui ?

– Qu'est-ce que tu portes pendant ton temps libre ?

I know the verb porter.

EXERCICE 20

Décrivez ce qu'ils portent.

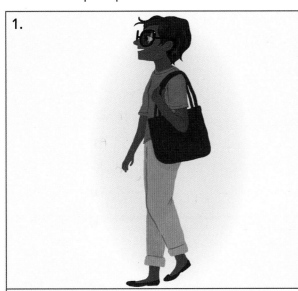

1. elle porte un tee shirt vert, un jean bleu, des chaussettes noir, un sac à main rouge et des lunettes de soleil noir.

2. il porte un tee shirt noir, une veste orange, un jean brun, des chaussettes noir, un chapeau noir et un parapluie jaune.

6.12 Écoutez !

Track 13

Qu'est-ce qu'ils portent le week-end ? Écoutez les gens et remplissez la grille.

	Michel	Antoine	Monique	Caroline
Jeans	✔			
Tracksuit		✔		✔
T-shirt	✔			✔
Skirt			✔	
Dress			✔	
Pyjamas				✔
Runners	✔	✔		
Shoes			✔	
Baseball cap	✔			
Scarf			✔	
Sunglasses		✔		

Les passe-temps 6

Les nombres de 81 à 100

200-
deux
cent

300-
trois
cent

215-
deux
cent
quinze

Les nombres de 81 à 100			
quatre-vingt-un	eighty-one	quatre-vingt-douze	ninety-two
quatre-vingt-deux	eighty-two	quatre-vingt-treize	ninety-three
quatre-vingt-trois	eighty-three	quatre-vingt-quatorze	ninety-four
quatre-vingt-quatre	eighty-four	quatre-vingt-quinze	ninety-five
quatre-vingt-cinq	eighty-five	quatre-vingt-seize	ninety-six
quatre-vingt-six	eighty-six	quatre-vingt-dix-sept	ninety-seven
quatre-vingt-sept	eighty-seven	quatre-vingt-dix-huit	ninety-eight
quatre-vingt-huit	eighty-eight	quatre-vingt-dix-neuf	ninety-nine
quatre-vingt-neuf	eighty-nine	cent	one hundred
quatre-vingt-dix	ninety		
quatre-vingt-onze	ninety-one		

deux cent   200

6.13 Écoutez !
CD 2 Track 14

Écoutez et répétez les nombres de 81 à 100.

 EXERCICE 21

Reliez les vêtements avec leur prix.

85€
68€
89€
19€
36€
90€
72€
45€
58€
24€

Exemple

Soixante-douze euros — <u>des baskets</u>

1. Quarante-cinq euros — *une jupe* ✓
2. Dix-neuf euros — *une casquette*
3. Cinquante-huit euros — *un jean* ✓
4. Quatre-vingt-dix euros — *un sac à main*

5. Quatre-vingt-neuf euros — *des gants* ✓
6. Soixante-huit euros — *un tee-shirt* ✓
7. Quatre-vingt-cinq euros — *une robe* ✓
8. Trente-six euros — *un chapeau* beanie
9. Vingt-quatre euros — *une écharpe* ✓

 I know the numbers 81 to 100.

Le shopping

Now that you know the vocabulary for items of clothing and the numbers up to 100, you're almost ready to go shopping!

To ask what size an item of clothing is, say **En quelle taille ?**

To ask how much something is, say **Ça coûte combien ?**

EXERCICE 22

Lisez les descriptions des vêtements et remplissez les blancs.

Exemple

Un tee-shirt bleu, taille 38, 25€

La cliente : Je cherche <u>un tee-shirt</u>, s'il vous plaît.

La vendeuse : De quelle couleur ?

La cliente : <u>Bleu</u>.

La vendeuse : En quelle taille ?

La cliente : En <u>trente-huit</u>.

La vendeuse : Voilà.

La cliente : Ça coûte combien ?

La vendeuse : Ça coûte <u>vingt-cinq euros</u>.

Une robe violette, taille 40, 98€

La cliente : _Je cherche une robe_, s'il vous plaît.

La vendeuse : De quelle _couleur_ ?

La cliente : _violette_.

La vendeuse : En quelle taille ?

La cliente : _En quarante_.

La vendeuse : Voilà.

La cliente : Ça _coûte_ combien ?

La vendeuse : Ça coûte _quarante-vingt dix huit_.

2.

Une jupe rouge, taille 44, 65€

La cliente : _Je cherche une jupe_, s'il vous plaît.

La vendeuse : De quelle _couleur_ ?

La cliente : _rouge_.

La vendeuse : En _quelle_ taille ?

La cliente : _quarante quatre_.

La vendeuse : Voilà.

La cliente : Ça _coûte_ combien ?

La vendeuse : Ça coûte _soixante-cinq_.

3.

Un pull gris, taille 42, 78€

Le client : Je cherche un _pull_, s'il vous plaît.

Le vendeur : De quelle couleur ?

Le client : _gris_.

Le vendeur : En quelle taille ?

Le client : _quarante-deux_.

Le vendeur : Voilà.

Le client : _ça coûte combien_.

Le vendeur : Ça coûte _soixante-dix-huit_.

EXERCICE 23

Par deux, jouez les rôles du vendeur / de la vendeuse et du client / de la cliente.

6.14 Écoutez !

Écoutez les conversations et remplissez la grille.

Person	Item of clothing	Colour	Size
1.		Black	
2.			46
3.		White	
4.	Gloves		
5.			
6.	Tie		-

La Saint-Valentin en France

Saint Valentine is the patron saint of love. Valentine's Day takes place on 14 February each year. Like in Ireland, in France it is a day when people in love (**des amoureux**) exchange gifts – such as chocolates (**des chocolats**) and flowers (**des fleurs**) – and send Valentine's cards (**des cartes d'amitié**).

The village of Saint-Valentin in central France – known as **le village des amoureux** – hosts a festival every February to celebrate love (**l'amour**). The village is decorated with hearts (**des cœurs**). Couples from all over the world travel to the village to take part in the festivities. Some even get married or renew their wedding vows during their visit.

Red and white are the traditional colours of Valentine's Day. Red symbolises passion and white symbolises true love. Pink is also a common colour for Valentine's cards and gifts.

EXERCICE 24

Lisez le texte ci-dessus et répondez aux questions en français.

1. Comment s'appelle le saint patron des amoureux ?
2. À quelle date est la Saint-Valentin ?
3. Nommez deux cadeaux traditionnels de la Saint-Valentin.
4. Quel symbole représente l'amour ?
5. Quelles couleurs représentent la Saint-Valentin ?
6. Quelle couleur est aussi un nom de fleur?

C'est intéressant !

A common pet name for a loved one in France is **mon chou**, which translates literally as 'my cabbage' but means something more like 'sweetie' or 'darling'.

Go to **page 58** of your *Chef d'œuvre* to complete Activité 3 : Ma carte de Saint Valentin.

6 Les passe-temps

Le dossier francophone : Le Sénégal

Le drapeau :

La capitale : Dakar

C'est intéressant !

Fish, peanuts, sugar and cement are among Senegal's main exports.

La monnaie : Le franc CFA (Communauté Financière Africaine)

Des montagnes : Sambaya, Inndia, Nion Médina

Des rivières :
Le fleuve Sénégal, la Casamance, le fleuve Gambie

C'est intéressant !

Senegal's famous Lac Rose (known as Lake Retba in English) is named after its pink water, which is the effect of harmless algae. The water is incredibly salty, which makes it possible for people to float in the lake!

Des sites touristiques : Le Lac Rose, le Parc National des Oiseaux du Djoudj, la Réserve de Bandia, le Musée Théodore Monod, la Maison des Esclaves

Des personnes célèbres :
Akon (chanteur),
Patrice Evra (joueur de football),
Patrick Vieira (joueur de football),
Safi Faye (réalisatrice)

La nourriture : Le tiéboudienne (fish, vegetables and rice), le couscous, le poulet yassa (chicken with onions and lemon juice)

C'est intéressant !

Wrestling is Senegal's national sport. The local form of the sport is called Laamb.

Des fêtes : Le Printemps des Cordes (mai), le Festival International de Jazz de Saint-Louis (mai), le Fanal (décembre)

C'est intéressant !

In French, **Le Fanal** means 'the lantern'. During this festival, held in Saint-Louis, large colourful lanterns in the shape of buildings and other structures are carried through the city's streets.

6 Les passe-temps

Résumé

EXERCICE A

Remplissez la grille de mots croisés.

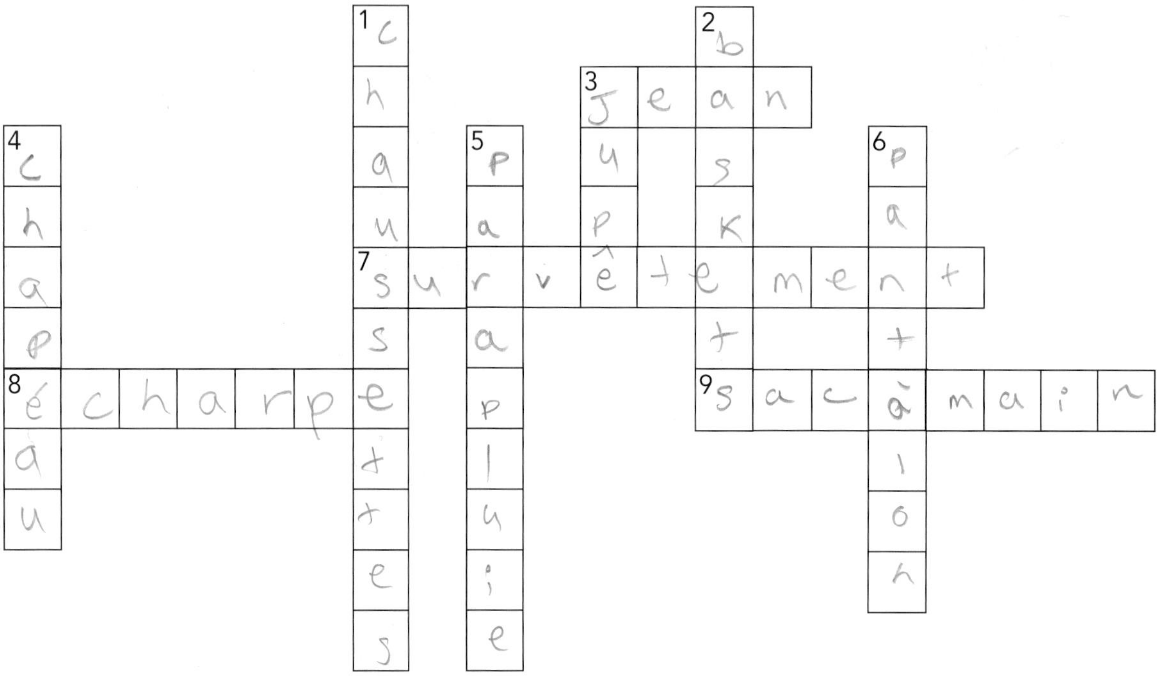
1 chaussettes
2 baskets
3 jean
3 jupe
4 chapeau
5 parapluie
6 pantalon
7 survêtement
8 écharpe
9 sac à main

Horizontalement

3. Jeans (4)

7. Tracksuit (11)

8. Scarf (7)

9. Handbag (3, 1, 4)

Verticalement

1. Socks (11)

2. Runners (7)

3. Skirt (4)

4. Hat (7)

5. Umbrella (9)

6. Trousers (8)

EXERCICE B

Reliez les nombres avec les lettres.

1. 	**a.** Porter des lunettes de soleil *to wear sunglasses*	
2. 	**b.** Envoyer des textos *to text*	
3. 	**c.** Rencontrer des amis *meet up friends*	
4. 	**d.** Jouer aux jeux vidéos *play video games*	
5. 	**e.** Jouer de la guitare *play the guitare*	

6. 	**f.** Écrire une carte d'amitié *to write a friendship*	
7. 	**g.** Regarder la télévision *to watch tv*	
8. 	**h.** Aller au cinéma *to go to the cinema*	
9. 	**i.** Lire un magazine *to read a magazine*	
10. 	**j.** Faire du shopping *to go shopping*	

1.	2.	3.	4.	5.	6.	7.	8.	9.	10.
h	f	i	g	d	j	b	e	a	c

6 Les passe-temps

EXERCICE C

Répondez « vrai » ou « faux ».

		Vrai	Faux
1.	*Le Livre de la Jungle* est un film d'horreur.	☐	☑ ✓
2.	*Kung Fu Panda* est un film d'aventure.	☑	☐ ✓
3.	*Titanic* est un film d'amour.	☑	☐ ✓
4.	*Scream* est un film de science-fiction.	☐	☑ ✓
5.	*Jason Bourne* est un film d'action.	☑	☐ ✓
6.	*Star Wars : Le Réveil de la Force* est un film policier.	☐	☑ ✓
7.	*Frozen* est un dessin animé.	☑	☐ ✓
8.	*The Hunger Games* est une comédie musicale.	☐	☑ ✓

 ## EXERCICE D

Écoutez les conversations et remplissez la grille.

	Film	Price	Time
1.	X-Men		
2.			
3.			5.15 p.m.
4.			

EXERCICE E

Choisissez la forme correcte des adjectifs.

1. Ma maison est (blanc / blanche) et (bleu / bleue).
2. Mon frère est (petit / petite) et (intelligent / intelligente).
3. Les chiens sont (petit / petits) et (brun / bruns).
4. Mon école est (grand / grande) et (vieux / vieille).
5. La chambre est (spacieux / spacieuse) et les murs sont (verts / verte).
6. Ma meilleure amie est (gentil / gentille) et (sportif / sportive).
7. Mon meilleur ami est (beau / belle) et (généreux / généreuse).
8. Notre professeur est (patient / patiente) et (compréhensif / compréhensive).
9. Mes cheveux sont (longs / longues) et (noir / noirs).
10. Le chat est (paresseux / paresseuse) et (mignon / mignonne).
11. Ma grand-mère est (vieux / vieille) et (heureux / heureuse).
12. Mes parents sont (strict / stricts) mais (gentil / gentils).

EXERCICE F

Lisez le texte et répondez aux questions en anglais.

> Pour aller au collège, je porte un uniforme scolaire. Je pense que c'est pratique le matin. Je porte un pantalon noir, une chemise blanche et un pull rouge. Je porte des chaussettes noires et des chaussures noires. Je ne porte pas de cravate.

Hugo

> Je vais au collège en France et je ne porte pas d'uniforme. C'est super ! Tous les jours, je porte des jeans, un tee-shirt et des baskets. En hiver, je porte mon gros manteau et une écharpe.

Cléo

> Moi, je n'aime pas mon uniforme scolaire. Je porte une chemise blanche, une veste marron et une jupe grise. Je déteste la couleur grise ! Je porte des chaussettes blanches et des chaussures marron.

Gabrielle

1. Who thinks it is practical to wear a uniform? *hugo* ✓
2. Who doesn't wear a uniform? *cléo* ✓
3. Who wears brown shoes? *gabrielle* ✓
4. Who thinks it's good to wear your own clothes? *cléo* ✓
5. Who doesn't like their uniform? *gabrielle* ✓
6. Who wears a red sweater? *hugo* ✓
7. Who wears a coat in winter? *gabrielle cléo*
8. Who doesn't wear a tie? *hugo* ✓ *et cléo*

6 Les passe-temps

EXERCICE G

Écrivez les chiffres en lettres.

1. 80 _quatre-vingts_ /
2. 37 _trente - sept_ /
3. 90 _quatre-vingt - dix_ /
4. 97 _quatre-vingt-dix-sept_ /
5. 83 _quartre-vingt-trois_ /

6. 75 _soixante -quinze_ ✓
7. 66 _soixante-six_
8. 89 _quatre-vingt - ~~dix~~ neuf_ ✗
9. 92 _quarte-vingt-douze_
10. 100 _cent_ ✓

EXERCICE H

Par deux, posez des questions et répondez, chacun à votre tour.

1. Que fais-tu pendant ton temps libre ?
2. Quel âge as-tu ?
3. Quel style de musique préfères-tu ?
4. Quelle est ton émission préférée à la télé ?
5. Quel est ton livre préféré ?
6. Qu'est-ce que tu aimes faire en ligne ?
7. Qu'est-ce que tu portes pendant ton temps libre ?

EXERCICE I

Écoutez les gens et remplissez la grille.

Name	Age	Hair colour	Eye colour	Personality	Pastimes
Claude	16 ✓	blonde ✓	green ✓	funny kind chatty ✓	computer ✓
Elodie	18 ✓	brown ✓	brown ✓	comprehensive understanding patient	music ✓
Emma	12 ✓	black ✓	bleu ✓	shy sporty ✓	shopping fashion cinema

EXERCICE J

Lisez le programme d'activités de la maison des jeunes (youth club) et répondez aux questions en anglais.

Programme d'activités 19–25 février

Lundi

Défilé de mode
19h00–21h00

Mardi

Sortie au cinéma
Thor
15h15–17h00

Mercredi

workshop
Stage de guitare
Stage de huit séances *seusion*
12h00–13h00

Jeudi

Stage de cuisine
Stage de dix séances
12h30–14h30

Vendredi

Concours de jeux vidéos
La finale !
16h00–19h00

Samedi

Club de lecture
À la croisée des mondes de Philip Pullman
11h30–13h30

Dimanche

Discussions de problèmes :
vous parlez, on vous écoute

1. On which day can members learn a musical instrument? *Wednesday* ✓
2. What is happening at 7 p.m. on Monday? *fashion show*
3. What kind of class is being held on Thursday? *cookery*
4. On which day is there a cinema outing? *tuesday* ✓
5. What kind of contest is taking place on Friday? *video* ✓
6. On which day does the book club meet? *Saturday* ✓
7. How many sessions are there of the guitar course? *eight*
8. What is taking place on Sunday? *discussion of problems* ✓

Go to **page 61** of your *Chef d'œuvre* to evaluate your learning in chapter 6.

6 Les passe-temps

Le texte authentique

Regardez l'affiche de cinéma et répondez aux questions qui suivent.

Cinéma 3D
Le Cinéma de tous les Cinémas
Caussade
Salle classée Art & Essai
Label Jeune Public
Label Recherche et Découverte
Label Patrimoine

Programme
26 oct > 1er nov

Tarifs : Plein 7,50€/Réduit 5,50€/Lycéens 5€/Lundi TU 5,5€/-14ans 4€/ «Ciné-Mômes» 4€/Abonnement (non nominatif & illimité dans le temps) 10 places 52€ (Recharge 10 places 50€)/6 places 32€ (Recharge 6 places 30€)/Tarif 3D : 8€ ou majoration de 2€

Du 26 oct au 1er nov	MER 26	JEU 27	VEN 28	SAM 29	DIM 30	LUN 31	MAR 1
BRICE 3 (1h35)	16H 20H30	16H	16H30	21H		20H30	17H
MISS PEREGRINE ET LES ENFANTS PARTICULIERS (2h07)	18H					16H	
L'ODYSSÉE (2h02)		18H	21H	18H30	16H	18H15	
FUOCOAMMARE, PAR-DELÀ LAMPEDUSA VO (1h49)			18H30		18H30		20H30
POESÍA SIN FIN (2h08) VO		20H30					
BROOKLYN VILLAGE (1h25) VO							18H45
NOUS TROIS OU RIEN (1h42)					21H		
LES TROLLS (1h33)	11H			11H			
ZOOTOPIE (1h48)			14H30				14H30
MA VIE DE COURGETTE (1h06)				17H	14H30		
IVAN TSAREVITCH ET LA PRINCESSE CHANGEANTE (0h54)						14H30	
MONSIEUR BOUT-DE-BOIS (0h40) ☺					11H		

VF : Version Française 2D (horaires de couleur noire)
VO : Version Originale Sous-Titrée Français 2D (horaires de couleur bleue)
3D : Films projetés en 3D (horaires de couleur rouge)
☺ : «Ciné-Mômes» : 4€
🐾 : Films «Nos Coups de Coeur» : tarif réduit unique pour tous : 5€

1. What time does *Zootopia* start at on Friday 28 October? *2:30* ✓
2. On which days is *Trolls* showing? *Wednesday Saturday*
3. Which is the shortest film showing on Monday 31 October? *Ivan tsarevitch et la princess changeante* ✓
4. Translate the film title *Nous Trois ou Rien*. *We three are nothing* / *us three are nothing*

Look at the prices (**tarifs**) at the left of the poster.

5. How much do school pupils pay to see a film? *4€* ✓

6. How much would it cost for one adult and two children under the age of 14 to see a film? *8+7.50 = 15.50 €*

Look at the key at the bottom of the poster.

7. What do the film times written in red mean? *3D* ✓
8. What colour are the times for films with subtitles written in? *marron* × *bleu*

Go to **educateplus.ie/resources/allons-y** to complete the interactive exercises for chapter 6.

7 La ville

Où est le parc ?

Les bâtiments de la ville

la gare	la gare routière	la banque
la bibliothèque	la poste	l'église
l'hôtel de ville / la mairie	l'hôpital	l'office du tourisme
la caserne des pompiers	la gendarmerie	le parc
le théâtre	la piscine	le musée

7.1 Écoutez !

CD 2 Track 18

Écoutez et répétez les bâtiments de la ville.

I know the buildings in town.

😊
😐
☹️

C'est intéressant !

In France's cities and larger towns, the town hall is called **l'hôtel de ville**. This building is home to the council offices and is where civil marriage ceremonies take place. It is known as **la mairie** in small towns and villages.

EXERCICE 1

Remettez les lettres dans le bon ordre pour trouver les bâtiments de la ville.

1. eâéthrt *théâtre*
2. earg *gare*
3. tpsoe *poste*
4. eéligs *église*
5. sicinep *piscine*

6. nubaeq *banque*
7. capr *parc*
8. rncseae sde mposrpei *caserne des pompiers*
9. uésem *musée*
10. qbuiièlotebh *bibliothèque*

EXERCICE 2

Lisez le texte et répondez aux questions en anglais.

Je m'appelle Veronique. J'habite à Nice dans le sud-est de la France. C'est une grande ville sur la mer.

Ma mère travaille à l'hôtel de ville. Mon père travaille dans une banque.

Il y a beaucoup de choses à faire et à voir à Nice. Par exemple, il y a un grand nombre de parcs et de jardins. Le jardin botanique est mon jardin préféré. J'aime lire des livres ici quand il fait beau.

Le week-end, je visite des musées avec mes parents. J'adore le Musée National du Sport.

La gare de Nice-Ville est la gare principale. C'est un beau bâtiment.

Après l'école, j'aime aller au cinéma avec mes amis. Nous aimons les petits cinémas comme le Cinéma Mercury sur la place Garibaldi.

1. Where in France is Nice situated? *south-est*
2. Where does Veronique's mother work? *a hotel*
3. Where does her father work? ~~banque~~ *bank*
4. What does Veronique like to do at the park? *likes to read*
5. What does she do at the weekend? *goes to the museum*
6. What does Veronique say about Nice's main train station? *beautiful and principle*
7. What kind of cinemas do Veronique and her friends like?

La ville

Les magasins

la boulangerie

la boucherie

la pâtisserie

la poissonnerie

la charcuterie

le fleuriste

le bureau de tabac

le coiffeur / la coiffeuse

le supermarché

la librairie

la confiserie

la pharmacie

la papeterie

la fromagerie

l'épicerie

 7.2 Écoutez ! CD 2 Track 19

Écoutez et répétez les magasins.

 I know the names of the shops.

Les magasins en France

Although France has a number of large supermarket chains (such as Carrefour, E.Leclerc, Leader Price and Géant), independent boulangeries, pâtisseries and boucheries remain in every French city, town and village.

Many French people make a daily visit to their local boulangerie to buy a fresh baguette. This long, crusty bread stick is a staple of most meals. The annual week-long Fête du Pain (Festival of Bread) celebrates France's traditional bakeries.

Street markets (**des marchés**) are very popular in France. Held on set days of the week, they offer locals and visitors the opportunity to fill their shopping baskets (**des paniers à provisions**) with fresh produce.

EXERCICE 3

Reliez les articles avec les magasins.

1.		a. la pharmacie
2.		b. la pâtisserie
3.		c. la fromagerie
4.		d. la boucherie
5.		e. le fleuriste

6.		f. la librairie
7.		g. la confiserie
8.		h. la charcuterie
9.		i. la boulangerie
10.		j. la papeterie

1.	2.	3.	4.	5.	6.	7.	8.	9.	10.
j a	c	a	f	h	i	b	d	e	g

La ville

7.3 Écoutez !

Quels magasins sont dans leur ville ? Écoutez les gens et remplissez la grille.

	Juliette	Abdul	Maya	Luc
Cinema		✓		
Library	✔			
Swimming pool		✓	✓	
Grocer's				✓
Station			✓	
Supermarket		✓		
Butcher's	✓		✓	✓
Bakery	✔	✓	✓	✓
Bookshop				
Post office	✓			✓
Bank	✓			
Park		✓		✓

 EXERCICE 4

Lisez le texte et répondez aux questions en anglais.

Belleville est un quartier de Paris.

Sur la rue principale, rue de Belleville, il y a beaucoup de magasins : il y a une boulangerie, une pâtisserie, une boucherie, une fromagerie et un fleuriste. Il y a aussi beaucoup de magasins de vêtements dans le quartier.

Chaque mardi et vendredi, de sept heures à quatorze heures trente, il y a un grand marché.

Le Musée Edith Piaf – la célèbre chanteuse – est près de Belleville. Le Cimetière du Père-Lachaise est un autre site touristique situé à proximité. La tombe d'Oscar Wilde se trouve là-bas.

Le Parc de Belleville est un petit parc avec une belle vue sur la Tour Eiffel.

1. What is the main street in the area called? *Belleville*
2. Name the shops on the main street. *Bakery, pastry, buchery, cheese, flowers shop*
3. On which days is the market held? *tuesday, friday*
4. What are the market's opening times? *7:00 – 14:00*
5. Which two tourist attractions are nearby?
6. What can be seen from the park? *Effiel tower*

Juste pour rire !

– Bonjour, docteur. J'ai besoin de lunettes.

– Effectivement, madame. Ici, c'est une boulangerie.

Le verbe irrégulier aller

You have already met the verb **aller** (to go) in the phrase **aller au cinéma**. This irregular verb looks quite different when you want to say 'I go', 'you go', 'he goes' and so on.

As it does not follow any rules, **aller** must be learned well.

Je vais	I go
Tu vas	you go *(one person/informal)*
Il va	he goes
Elle va	she goes
On va	one goes
Nous allons	we go
Vous allez	you go *(more than one person/formal)*
Ils vont	they go *(masculine)*
Elles vont	they go *(feminine)*

Je vais au marché.

Aller is usually followed by the preposition **à**.

Aller +	Form of à	Example
masculine noun	au	Je vais au cinéma.
feminine noun	à la	Je vais à la pharmacie.
plural noun	aux	Je vais aux magasins.

Retenez !

Note that the preposition à does not change its form when talking about going to a city. For example, « Je vais à Dublin » or « Nous allons à Paris »

7.4 Écoutez !

Écoutez et répétez le verbe **aller**.

EXERCICE 5

Complétez les phrases avec le verbe **aller** et traduisez-les en anglais.

1. Je _vais_ au cinéma. I go to the cinema

2. Nous _allons_ à Nice. we go to Nice

3. Tu _vas_ à la pâtisserie. you go to the pastry

4. Vous _allez_ au supermarché. you go to the supermarket

5. Elle _va_ à la boulangerie. she goes to the bakery

6. Ils _vont_ aux magasins. they go to the shops

7. On _va_ au théâtre. one goes to the theatre

8. Elles _vont_ à la librairie. they go to the library

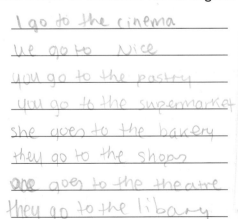

Feuilleté aux Pommes 2€50

I know the irregular verb aller.

La ville 7

Les directions

Excusez-moi, il y a une banque près d'ici ?

Où est la gare, s'il vous plaît ?

Où se trouve l'office du tourisme, s'il vous plaît ?

Des mots clés

Continuez tout droit	Continue straight ahead
Tournez à gauche	Turn left
Tournez à droite	Turn right
Prenez la première rue …	Take the first street …
Prenez la deuxième rue …	Take the second street …
Continuez jusqu'à …	Continue as far as …
Les feux	The traffic lights
Le carrefour	The crossroads
Les panneaux	Signs
Ce n'est pas loin	It's not far

Retenez !
Revise the prepositions you learned in chapter 4 (page 97). They come in very handy when giving and understanding directions!

7.5 Écoutez !
CD 2 Track 22

Écoutez et répétez les directions.

EXERCICE 6

Reliez les nombres avec les lettres.

1.	a. Tournez à gauche.
2.	b. Prenez la première rue à droite.
3.	c. Aux feux, tournez à gauche.
4.	d. Au carrefour, tournez à droite.
5.	e. Continuez tout droit.

6.	f. Prenez la première rue à gauche.
7.	g. Tournez à droite.
8.	h. Prenez la deuxième rue à gauche.
9.	i. Aux feux, tournez à droite.
10.	j. Au carrefour, tournez à gauche.

1.	2.	3.	4.	5.	6.	7.	8.	9.	10.

 7.6 Écoutez !

Écoutez les conversations et remplissez la grille.

	Place	Directions given
1.	Cinema	
2.		
3.		
4.		
5.		

7 La ville

EXERCICE 7

Par deux, inventez des dialogues à partir des informations ci-dessous.

Exemple

> Take the first street on the right and continue as far as the traffic lights.

– Excusez-moi. Où se trouve la banque, s'il vous plaît ?

– Prenez la première rue à droite et continuez jusqu'aux feux.

– Merci beaucoup.

1.

> Continue straight ahead and it's opposite the hospital.

_____

_____

_____

2.

> Take the second street on the right. It's opposite the town hall.

_____

_____

_____

3.

> Turn right and continue as far as the crossroads.

_____

_____

_____

4.

> Turn left and take the second street on the left. It's behind the museum.

_____

_____

_____

✓ I can understand and give directions.

EXERCICE 8

Regardez le plan et utilisez les directions pour trouver la destination.

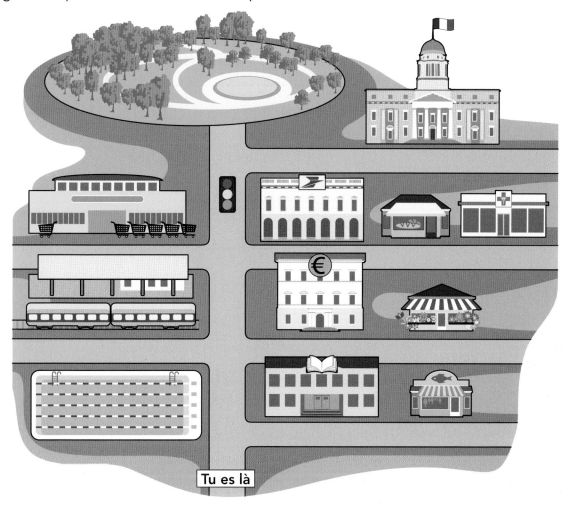

Tu es là

Directions	Destination
Continuez tout droit.	Le parc
Continuez jusqu'au deuxième carrefour et tournez à droite. C'est en face de la banque.	
Prenez la première rue à droite. C'est à côté de la poissonnerie.	
Prenez la deuxième rue à gauche. C'est en face de la gare.	
Aux feux, tournez à droite. C'est près du parc.	
Continuez jusqu'au deuxième carrefour et tournez à droite. C'est entre la poste et la pharmacie.	

EXERCICE 9

Par deux, utilisez le plan de l'exercice 8 pour demander et donner des directions.

Go to **page 104** of your *Chef d'œuvre* to fill in the seventh section of your Tout sur moi ! fact file.

Le futur proche

Now that you know the present tense of the verb **aller** (to go), you can use it to talk about what you or someone else is going to do in the near future (**le futur proche**). For example, 'I am going to watch TV', 'He is going to go to the supermarket' or 'They are going to sell the house.'

Two simple steps are required:

Step 1: Select the present tense form of the aller that you require (**je vais**, **tu vas**, **nous allons**, etc.).

Step 2: Follow it with the infinitive (full form) of the verb you want to use (e.g. **travailler**, **regarder**, **faire**, **aller**).

> Je vais faire la cuisine.

Present tense of aller	Infinitive	Examples
Je vais	travailler	Je vais travailler dans une boulangerie.
Tu vas	regarder	Tu vas regarder un film au cinéma.
Il va	arriver	Il va arriver à sept heures et demie.
Elle va	aller	Elle va aller au supermarché.
Nous allons	visiter	Nous allons visiter la France.
Vous allez	choisir	Vous allez choisir un animal domestique.
Ils vont	vendre	Ils vont vendre le magasin.
Elles vont	faire	Elles vont faire la cuisine.

Des mots clés

Demain	Tomorrow	La semaine prochaine	Next week
Le week-end prochain	Next weekend	Le mois prochain	Next month

EXERCICE 10

Complétez les phrases avec le présent du verbe **aller** et traduisez-les en anglais.

1. Je _vais_ aller à la piscine ce soir.   I'm going to the pool tonight

2. Il _va_ visiter la Tour Eiffel le week-end prochain.   he will visit the Eiffel tower next week end

3. Elles _vont_ aller au cinéma demain.   they're going to the cinema tomorrow

4. Elle _va_ travailler à la mairie.   she's going to work at the town hall

5. Vous _allez_ jouer du piano.   you will play the piano

6. Ils _vont_ arriver à midi.   they will arrive at noon

7. Nous _allons_ regarder la télévision.   we're going to watch television

8. Tu _vas_ continuer tout droit.   you will continue straight

 I can use the verb aller to talk about the near future.

Les sites touristiques en France

More than 80 million people visit France every year. Tourists are drawn by the country's diverse regions, which offer mountains, beaches, bustling cities and peaceful countryside.

Visitors are also attracted by France's many world-famous landmarks, such as the Eiffel Tower, the Arc de Triomphe, Strasbourg Cathedral, the Pont d'Avignon and the Palace of Versailles.

C'est intéressant !

The opulent Palace of Versailles, situated on the outskirts of Paris, was home to the French royal court before the French Revolution. It has 700 rooms, 2,000 windows and 1,400 fountains!

Le verbe irrégulier voir

The irregular verb **voir** (to see) is useful for talking about sightseeing.

Je vois	I see
Tu vois	you see *(one person/informal)*
Il voit	he sees
Elle voit	she sees
On voit	one sees
Nous voyons	we see
Vous voyez	you see *(more than one person/formal)*
Ils voient	they see *(masculine)*
Elles voient	they see *(feminine)*

Je vois la Tour Eiffel !

 7.7 Écoutez !

Écoutez et répétez le verbe **voir**.

 EXERCICE 11

Remplissez les blancs avec le verbe **voir**.

1. Nous _voyons_ l'Arc de Triomphe.

2. Je _vois_ mes amis en ville.

3. Ils _voient_ un film au cinéma.

4. Tu _vois_ la banque ?

5. Vous _voyez_ un chien au parc.

6. Elle _voit_ son frère le week-end.

 I know the irregular verb voir.

7 La ville

7.8 Écoutez !

Quel site touristique vont-ils visiter ? Écoutez les gens et remplissez la grille.

Name	Tourist site they are going to visit
Nadia	
Diego	
Eimear	
Sébastien	
Hannah	

EXERCICE 12

Lisez les descriptions des sites touristiques en France et remplissez la grille.

La Tour Eiffel est un monument célèbre à Paris. Elle se trouve dans le septième arrondissement, près de la Seine. Plus de six millions de touristes visitent la tour chaque année.

L'Arc de Triomphe à Paris est situé au centre de douze avenues. Sous l'arc se trouve la Tombe du Soldat inconnu. Le 11 novembre de chaque année, il y a une cérémonie au monument.

La Cathédrale de Strasbourg est une grande église en Alsace. Elle est la sixième église la plus haute du monde.

Le Pont d'Avignon est un très vieux pont situé en Provence. Il y a une chanson célèbre sur le pont, qui s'appelle « Sur le Pont d'Avignon ».

This tourist site is situated at the centre of twelve avenues.	L'Arc de Triomphe
This tourist site is the sixth tallest church in the world.	la cathédrale de strasbourg
There is an annual ceremony held at this tourist site.	l'Arc de triomphe
There is a famous song about this tourist site.	le Pont d'Avignon
More than six million tourists visit this tourist site every year.	la Tour Effel
This tourist site is siuated in Paris's seventh arrondissement.	la Tour Effel
There is a tomb underneath this tourist site.	l'Arc de triomphe

Go to **page 65** of your *Chef d'œuvre* to complete Activité 1 : Une carte postale de Cannes.

Le verbe irrégulier sortir

The verb **sortir** (to go out) is another irregular verb, which means it doesn't follow any rules.

Je sors	I go out
Tu sors	you go out (*one person/informal*)
Il sort	he goes out
Elle sort	she goes out
On sort	one goes out
Nous sortons	we go out
Vous sortez	you go out (*more than one person/ formal*)
Ils sortent	they go out (*masculine*)
Elles sortent	they go out (*feminine*)

Nous sortons au théâtre.

7.9 Écoutez !

Écoutez et répétez le verbe **sortir**.

EXERCICE 13

Remplissez les blancs avec le verbe **sortir**.

1. Il _Sort_ avec ma sœur.

2. Nous _sortons_ au cinéma.

3. Vous _sortez_ chaque soir.

4. Ils _sortent_ au théâtre.

5. Sophie _sort_ avec ses amis.

6. Elles _sortent_ de la classe à quatre heures.

7. Est-ce que Pierre _sort_ demain soir ?

8. Tu _sors_ pour faire du jardinage.

9. Je _sors_ au supermarché ce soir.

10. Le professeur _sort_ de la classe.

 I know the irregular verb sortir.

Go to **page 66** of your *Chef d'œuvre* to complete Activité 2 : Une brochure sur ma ville.

La ville — 7

Le dossier francophone : La Suisse

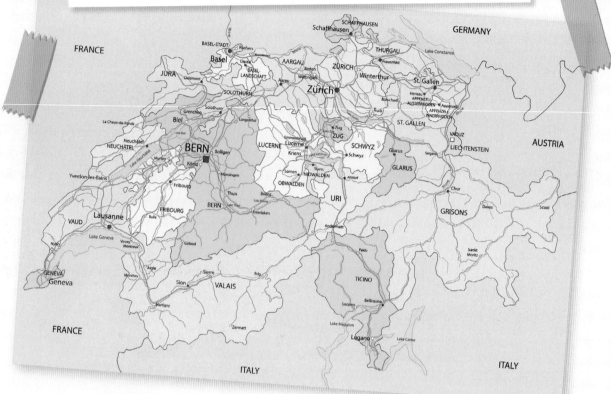

Le drapeau :

La capitale : Bern

C'est intéressant !

Although Bern is Switzerland's official capital, Zurich is the country's largest city and the centre of culture.

C'est intéressant !

Switzerland has four official languages: Swiss German, Romansh, Italian and French.

La monnaie : Le franc suisse

Des montagnes :
Le Matterhorn, la Jungfrau, l'Eiger, le Mönch

Des rivières : Le Rhin, le Rhône, l'Aar

Des sites touristiques : Les chutes du Rhin, la Zytglogge, le Château de Chillon, le Parc National Suisse

C'est intéressant !

The Rhine Falls is the biggest waterfall in Europe.

Des personnes célèbres : Roger Federer (tennis player), Le Corbusier (architect), H. R. Giger (artist), Lara Gut (skier), Jean-Jacques Rousseau (philosopher)

La nourriture : La raclette (cheese melted over meat and potatoes), la fondue (melted cheese with bread), le rösti (potato fritters), la moutarde de Bénichon (sweet mustard), le chocolat

C'est intéressant !

Switzerland is renowned for its chocolate, such as Lindt, Suchard, Sprüngli and Toblerone. It also consumes more chocolate than any other country in the world.

Des fêtes : Le Festival International de Ballons de Château-d'Oex (janvier), Internationales Jazz festival Bern (mars–mai), Sechseläuten (avril), le Jeûne genevois (septembre)

C'est intéressant !

During Sechseläuten spring festival, which takes place in Zurich every April, a snowman character called the Böögg is burned to symbolise the end of winter. It is thought that the faster the Böögg burns, the better the coming spring weather will be!

7 La ville

Résumé

 EXERCICE A

Trouvez les mots dans la grille.

gare	banque	bibliothèque	poste
église	hôtel de ville	hôpital	office du tourisme
caserne des pompiers	gendarmerie	parc	théâtre
piscine	musée		

```
X H S L P O B J T Q A M X F X O J Y A H
N I Z R L D Z O P B F H E B T Q H I P J
B V C A S E R N E D E S P O M P I E R S
A J S B F K O J M O C P D U P L G W A D
N N É G E N L H Q T M K S K O O S R B E
Q Z G E I S C Ô O Z B G D P F R N B X Q
U Y L E C M B T M W H G H V F U M G S L
E K I X W I I E R T U Z B Y I Y U Q D N
N A S G K E B L M W G J Q F C E J E M R
I X E A N I L D Q M E P Q F E G J P Z T
G A R E T L I E I B N A M O D U E J P T
N K Y I V O O V R M D R U W U I D Q D H
P C F J R P T I B U A C S L T U D H N É
U I Y S D O H L V I R C É R O K S F D Â
Q Z S G N S È L J W M A E G U X D O O T
K O N C L T Q E K T E U M Y R L P Q X R
U F O H I E U D U O R T B U I A A C T E
N Q R E N N E A C H I A B A S Z K I J F
V L B F X J E T R J E D S T M E V X J I
R H Y P V C H Ô P I T A L N E P T K L A
```

EXERCICE B

Regardez les panneaux et répondez aux questions.

1. Où se trouve le Musée du Louvre, s'il vous plaît ?

_____

2. Où est la mairie, s'il vous plaît ?

_____

3. Excusez-moi, il y a un office du tourisme près d'ici ?

_____

4. Pour aller au théâtre du Palais-Royal, s'il vous plaît ?

_____

 ## EXERCICE C

Écoutez les touristes et remplissez la grille.

	Where to?	Directions
1.		
2.		
3.		
4.		

EXERCICE D

Remplissez les blancs pour trouver les magasins. Rappelez-vous les accents !

1. La charcuterie
2. La pharmacie
3. Le supermarché
4. La librairie

5. La boulangerie
6. La pâtisserie
7. Le coiffeuse
8. Le fleuriste

EXERCICE E

C'est quel magasin ? Répondez en anglais.

EXERCICE F

Mettez les mots dans le bon ordre pour trouver les phrases.

1. vais, l', je, épicerie, à. _____

2. poste, tu, à, la, vas. _____

3. nous, boucherie, à, allons, la. _____

4. au, ils, vont, cinéma. _____

5. elle, à, gare, la, va. _____

6. allez, au, vous, collège. _____

EXERCICE G

Remplissez les blancs avec le verbe **aller** et la préposition qui convient.

1. Je _____ __ cinéma.

2. Nous _____ __ hôpital.

3. Tu _____ __ bibliothèque.

4. On _____ __ supermarché.

5. Elles _____ __ école.

6. Nous _____ __ parc.

7. Vous _____ __ poste.

8. Je _____ __ théâtre.

9. Tu _____ __ pharmacie.

10. Il _____ __ magasins.

EXERCICE H

Présent ou futur proche ?

Exemple

Je vais à la boulangerie chaque matin. <u>Présent</u>

1. Il va aller en France. _____

2. Nous allons aller au supermarché. _____

3. Elle va chez Pierre tous les mercredis. _____

4. Tu vas visiter le musée. _____

5. Nous allons au cinéma. _____

6. Vous allez jouer du clavier. _____

7. Elles vont chanter dans la chorale. _____

8. Ils vont à l'école. _____

EXERCICE I

Remplissez les blancs avec le présent du verbe **aller** et suivi du verbe à l'infinitif qui convient.

jouer	tourner	regarder	faire	visiter	sortir	voir	travailler

1. Demain, nous _____ _____ au tennis.

2. Le week-end, il _____ _____ des DVDs.

3. Ce soir, tu _____ _____ tes devoirs.

4. Lundi prochain, elles _____ _____ pour le dîner.

5. Après le collège, elles _____ _____ dans la banque.

6. Samedi, ils _____ _____ un film au cinéma.

7. À Paris, je _____ _____ l'Arc de Triomphe.

8. Vous _____ _____ à droite aux feux.

EXERCICE J

Remplissez les blancs avec le verbe **sortir** ou le verbe **voir**.

1. Je (sortir) Sors avec mes amis.

2. Il (voir) voit un western au cinéma.

3. Nous (sortir) sortons tous les vendredis soir.

4. Elles (voir) voit leurs grands-parents à Noël.

5. Tu (sortir) Sors demain ?

6. Vous (voir) voyez un parc à gauche.

7. Ils (sortir) sortent sans leurs manteaux.

8. On (voir) voit l'église ?

EXERCICE K

Traduisez les phrases en français.

1. I am going out with my friends tonight. _____

2. I work in the bakery on Saturday. _____

3. Take the second street on the left. _____

4. At the weekend we go to the library. _____

5. My dad is going to watch televsion. _____

6. There are lots of shops in town. _____

7. I like going to the sweet shop. _____

8. The fire station is red. _____

9. I am going to visit France with my parents. _____

10. Is there a supermarket near here? _____

EXERCICE L

Par deux, décrivez votre ville. Mentionnez les bâtiments, les magasins et tous les sites touristiques.

EXERCICE M

Lisez la lettre de Jeanette et répondez aux questions en anglais.

Arles, le 11 août

Cher Aoife,

Comment vas-tu ? Je vais te parler de ma ville. Arles est une grande ville en Provence, dans le sud de la France. Elle est près du fleuve le Rhône.

Arles est célèbre pour l'artiste Vincent Van Gogh. Les touristes visitent le musée pour voir ses tableaux.

Il y a beaucoup de vieux bâtiments dans la ville. Ils sont beaux.

Le marché d'Arles a lieu tous les mercredis et samedis. Il y a des boulangeries, des fleuristes et des charcuteries. Je vais là-bas avec ma mère pour faire les courses.

Dimanche prochain, c'est mon anniversaire. Je vais aller au théâtre pour voir une comédie musicale. J'attends avec impatience !

Quels sont les sites touristiques de ta ville ?

Amitiés,
Jeanette

1. Where in France is Arles situated? South of France
2. What is the city most famous for? Vincent Van Gogh
3. How does Jeanette describe the buildings? beautiful
4. On what days does the market take place? Saturdays and Wednesdays
5. What three types of shop does Jeanette mention as being in the market? Bakerys, flower shops and deli meats
6. Why does she go there with her mother? to do the shopping
7. When is Jeanette's birthday? next Sunday
8. How is she planning to celebrate? go to the theatre

Go to **page 69** of your *Chef d'œuvre* to evaluate your learning in chapter 7.

Le texte authentique

Regardez l'affiche pour visiter la Basilique d'Avioth et répondez aux questions qui suivent.

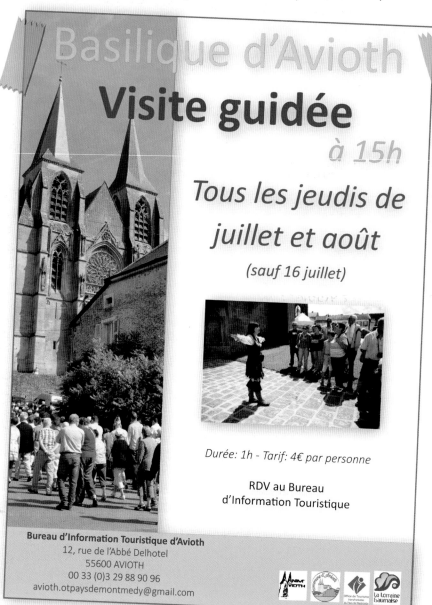

Basilique d'Avioth

Visite guidée
à 15h

Tous les jeudis de juillet et août
(sauf 16 juillet)

Durée: 1h - Tarif: 4€ par personne

RDV au Bureau
d'Information Touristique

Bureau d'Information Touristique d'Avioth
12, rue de l'Abbé Delhotel
55600 AVIOTH
00 33 (0)3 29 88 90 96
avioth.otpaysdemontmedy@gmail.com

1. Give another French word for **basilique**.
2. On what day of the week does the guided tour take place? *Thursdays*
3. During which months of year does the tour take place? *July*
4. At what time does the tour take place? *3:00*
5. On which date will there be no tour? *16 July*
6. How long does the tour last? *1 hr*
7. How much would tickets for three people cost? *€12*
8. **RDV** is an abbreviation of **rendez-vous**. You may have heard this word used in English. Discuss what you think it means on this poster.

 Go to **educateplus.ie/resources/allons-y** to complete the interactive exercises for chapter 7.

8

La nourriture

Miam miam !

Dans ce chapitre, vous allez étudier :
In this chapter, you will study:

Grammaire
Grammar

Culture
Culture

Au marché

LES LÉGUMES

des petits pois	des pommes de terre
peas	*potatoe*
des épinards	des aubergines
salad spinish	*eggplant*
des choux-fleurs	des tomates
cauliflower	*tomatoes*

des champignons	des carottes
mushrooms	*carrots*
des haricots verts	des oignons
	onions
des choux	des concombres
cabbage	*cucumbes*

8.1 Écoutez !

Track 28

Écoutez et répétez les légumes.

I know the vegetable vocabulary.

EXERCICE 1

Regardez la liste des prix et complétez la liste.

500 g de carottes	1,25 €
500 g d'oignons	2 €
500 g de haricots verts	1,50 €
500 g de champignons	1,40 €
Un chou-fleur	1 €
Un chou	0,90 €
Une aubergine	0,75 €
Un concombre	0,50 €
Un sac de pommes de terre	2,30 €

	Prix
1. 500 g of carrots, one aubergine and one sack of potatoes	4,30 €
2. One cabbage, 500 g of onions and 500 g of green beans	4,40 €
3. One kilo of onions, one cauliflower and two cucumbers	6 €
4. 250 g of mushrooms, two aubergines and two sacks of potatoes	6,80 €
5. One kilo of carrots, 500 g of onions and three cucumbers	6 €

MARCHÉ AUX LÉGUMES

8 La nourriture

LES FRUITS

des pommes	des oranges	des bananes	des cerises
apples	*oranges*	*bananas*	*cherries*
des pêches	du raisin	des citrons	des fraises
peaches	*grapes*	*lemon*	*strawberries*
des ananas	des poires	des framboises	des pamplemousses
pineapple	*pears*	*raspberries*	*grapefruit*

 EXERCICE 2

Utilisez votre dictionnaire pour trouver si les fruits sont masculins ou féminins. Écrivez au singulier **un** ou **une** dans les colonnes qui conviennent.

Masculin	Féminin
un citron	une pomme
un raisin	une orange
un anana	une banan
un pamplemousse	une cerise
	une pêche
	une orange
	une poire
	une framboise

 I know the fruit vocabulary.

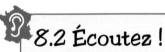 8.2 Écoutez !

Écoutez et répétez les fruits.

C'est intéressant !

In French, the phrase **tomber dans les pommes** (literally translated as 'to fall into the apples') means 'to faint'!

8.3 Écoutez !

Écoutez les conversations et remplissez les blancs.

1.

Le marchand : Bonjour, _madame_ .

La cliente : Bonjour. Je voudrais deux cents grammes de _haricots_ _verts_ , [green beans]

une _aubergine_ et _cinq_ _tomatoes_ , s'il vous plaît.

Le marchand : Voilà, madame. C'est tout ?

La cliente : Donnez-moi trois oignons, aussi.

Le marchand : Très bien.

La cliente : Ça coûte combien ?

Le marchand : Ça coûte _7_ euros _80_ .

La cliente : Voilà. Merci beaucoup.

Le marchand : Merci. Au revoir.

La cliente : _Au revoir_ , monsieur.

2.

La marchande : _Bonjour_ , monsieur. Comment puis-je vous aider _aujord'hui_ ?

Le client : Bonjour, madame. Je voudrais _cinq_ _bananes_ , _une_

ananas et _deux_ _pamplemousse_ , s'il vous plaît.

La marchande : Voilà, monsieur. C'est tout ?

Le client : Donnez-moi cent cinquante grammes de _cerises_ , aussi.

La marchande : Très bien.

Le client : Ça coûte _combien_ ?

La marchande : Ça coûte _9_ euros _20_ , s'il vous plaît.

Le client : Voilà. _merci_ _beaucoup_ .

La marchande : Merci. Au revoir.

Le client : À _benoit_ , madame.

Des mots clés

Je voudrais …	I would like …
Donnez-moi …	Give me …
Avez-vous …	Do you have …

EXERCICE 3

Par deux, jouez les rôles du marchand / de la marchande et du client / de la cliente.

Les repas

Les repas en France

Food is at the heart of French culture. Families and friends make a point of gathering at the table (**à table**) to enjoy breakfast, lunch and dinner together.

Breakfast (**le petit déjeuner**) in France rarely involves cooking. Most people simply have sliced baguette with butter and jam (**une tartine**) or a croissant with coffee (**le café**). Children may have cereal (**les céréales**) and hot chocolate (**le chocolat chaud**).

Lunch (**le déjeuner**) – eaten at around 1 p.m. – is often the largest meal of the day. It typically includes a starter (**une entrée**), a main course (**un plat principal**) and a dessert (**un dessert**) of cheese (**le fromage**) and fruit.

In France, dinner (**le dîner**) tends to be served later than it is in Ireland. It is not unusual for French families to sit down to eat at 8.15 p.m. The French like to take their time over meals (**les repas**) and dinner is traditionally another three-course affair, often accompanied by wine (**le vin**).

At the start of each meal it is custom to wish the people you are eating with **Bon appétit !**

Des mots clés

fumé - smocked

Le petit déjeuner
Breakfast

Le pain	Bread
Le pain grillé	Toast
Un croissant	Croissant
La confiture	Jam
Le beurre	Butter
Les céréales	Cereal
Les œufs	Eggs
Le yaourt	Yoghurt
Le café	Coffee
Le thé	Tea
Le lait	Milk
Le chocolat chaud	Hot chocolate
Le sucre	Sugar
Le jus d'orange	Orange juice

Le déjeuner
lunch

La soupe	Soup
La salade	Salad
Un sandwich	Sandwich
Les frites	French fries
L'eau	Water

Le dîner
dinner

La viande	Meat
Le bœuf	Beef
Le poulet	Chicken
Le canard	Duck
L'agneau	Lamb
Le jambon	Ham
Le porc	Pork

La saucisse	Sausage
Les fruits de mer	Seafood
Le poisson	Fish
Le saumon	Salmon
Le thon	Tuna
Les moules	Muscles *Mussels*
Le riz	Rice
La crêpe	Crepe
Le gâteau	Cake
La tarte	Pie
La glace	Ice cream
Le fromage	Cheese
Le vin	Wine

8.4 Écoutez !
CD 2 Track 31

Écoutez et répétez la nourriture.

EXERCICE 4

Nommez la nourriture.

Exemple

Le saumon ✓

1.

les frites ✓

2.

le gâteau ✓

3.

la glace ✓

4.

le fromage ✓

5.

La confiture ✓

6.

un Sandwich ✓

7.

le jus d'orange ✓

8.

la crêpe

EXERCICE 5

Placez les mots dans les colonnes qui conviennent.

le fromage	l'agneau	le pamplemousse	la pomme	les petits pois	le bœuf
le poulet	le yaourt	l'oignon	la pomme de terre	le citron	la carotte
le beurre	le lait	les fraises	la glace	la poire	les champignons
le porc	le jambon	les framboises	le canard		

veg **Les légumes**	fruit **Les fruits**	meat **La viande**	dairy **Les produits laitiers**
l'oignon	le pamplemousse	le poulet	le fromage
la pomme de terre	les fraises	l'agneau	le beurre
Les champignons	la pomme	le porc	le yaourt
les petits pois	le citron	le jambon	le lait
la carotte	les framboises	le canard	la glace
	la poire	le bœuf	

C'est intéressant !

According to an OECD survey, the French spend around 2 hours 10 minutes in total per day eating, while the Irish only eat for around 1 hour 15 minutes each day.

8 La nourriture

Les verbes irréguliers manger et boire

The verbs **manger** (to eat) and **boire** (to drink) are both irregular. This means they do not follow any rules and must be learned well.

Je mange	I eat
Tu manges	you eat (*one person/informal*)
Il mange	he eats
Elle mange	she eats
On mange	one eats
Nous mangeons	we eat
Vous mangez	you eat (*more than one person/formal*)
Ils mangent	they eat (*masculine*)
Elles mangent	they eat (*feminine*)

all mange

Je bois	I drink
Tu bois	you drink (*one person/informal*)
Il boit	he drinks
Elle boit	she drinks
On boit	one drinks
Nous buvons	we drink
Vous buvez	you drink (*more than one person/formal*)
Ils boivent	they drink (*masculine*)
Elles boivent	they drink (*feminine*)

all bois

 ## 8.5 Écoutez !

Écoutez et répétez les verbes irréguliers **manger** et **boire**.

 EXERCICE 6

Remplissez les blancs avec le verbe **manger** ou le verbe **boire**.

1. Je (manger) _mange_ du pain avec du beurre le matin. ✓

2. Tu (boire) _bois_ du chocolat chaud.

3. Ils (boire) _boivent_ beaucoup de café en France. *a lot*

4. Nous (manger) _mangeons_ des légumes.

5. Sophie et Monique (manger) _mangent_ des croissants tous les jours. *everyday*

6. Vous (boire) _buvez_ de l'eau.

7. Il ne (boire) _boit_ pas de jus d'orange.

8. Ma grand-mère (manger) _mange_ des œufs pour le déjeuner.

Retenez !

Manger has the same endings as a regular -er verb except for nous, which has an extra 'e', making it mangeons.

 I know the irregular verbs manger and boire.

L'article partitif

In French, **l'article partitif** (the partitive article) is **du**, **de la** and **des**. These words have the same meaning as 'any' or 'some' in English.

Although it is not always used in English, the partitive article has to be used in French if a noun has no specified quantity. For example, 'I eat apples' in French is **Je mange des pommes** ('I eat **any/some** apples').

The partitive article is formed by combining the preposition **de** with the suitable definite article (**le**, **la**, **l'** or **les**).

Type of noun	Partitive article	Example
masculine noun (e.g. **le** café)	du	Je bois du café.
feminine noun (e.g. **la** soupe)	de la	Il mange de la soupe.
noun beginning with a vowel or silent h (e.g. **l'**eau)	de l'	Tu bois de l'eau.
plural noun (e.g. **les** frites)	des	Nous mangeons des frites.

Je mange du pain.

Retenez !

Du, de la, de l' and des all become de in a negative statement. For example, « Je ne mange pas de soupe ». Before a word beginning with a vowel, the de becomes d'. For example, « Je ne bois pas d'eau ».

EXERCICE 7

Remplissez les blancs avec **du**, **de la**, **de l'** ou **des**.

1. Pour le petit déjeuner, je mange _____ croissants avec _____ beurre.

2. Il boit _____ café avec _____ sucre.

3. Pour le déjeuner, elle mange _____ salade et _____ soupe.

4. Ils mangent _____ crêpes et boivent _____ café.

5. Mon père boit _____ vin blanc et ma mère boit _____ vin rouge.

6. Je bois _____ eau tous les jours.

7. Le matin, les enfants mangent _____ céréales et boivent _____ chocolat chaud.

8. Le samedi, nous avons _____ bœuf et _____ frites pour le dîner.

I understand how to use the partitive article.

EXERCICE 8

Écrivez les phrases à la forme négative.

1. Je mange de la viande avec du riz.

   _____

2. Il aime manger des légumes.

   _____

3. Je mange du pain.

   _____

4. Elle boit du café.

   _____

5. Ils ont du thé.

   _____

6. Je mets de la confiture sur mon pain grillé.

   _____

7. Il y a du concombre dans notre salade.

   _____

8. Je bois de l'eau tous les jours.

   _____

8.6 Écoutez !

Écoutez les gens et remplissez la grille.

Name	Favourite meal of the day	Favourite dish	Favourite drink	Doesn't eat
Delphine	Dinner	Chicken & chips ✓	Water ✓	Fish ✓
Charlotte	Breakfast ✓	Yoghurt & fruit ✓	Tea & milk ✓	Butter ✓
Eric	lunch	Sandwich & cheese & ham ✓	apple juice ✓	Soup
Antoine	Dinner / desert ✓	Crepe & chocolate with banana ✓	coffee ✓	cheese ✓

EXERCICE 9

Par deux, parlez de votre nourriture préférée.

Quel est ton plat préféré ? *whats your fav dish*

Mon plat préféré est … *my fav dish*

Que manges-tu au petit déjeuner / déjeuner / dîner ? *what do you eat for …*

Je mange / Je bois …

Je ne mange / bois pas …

Go to **page 73** of your *Chef d'œuvre* to complete Activité 1 : Sondage sur le petit déjeuner.

EXERCICE 10

Lisez le texte et répondez « vrai » ou « faux » aux affirmations.

> Je m'appelle Laura. Je suis végétarienne. Alors, je mange beaucoup de fruits et de légumes. Je ne mange pas de viande ou de fruits de mer.

> Je m'appelle Jean. J'aime manger de la soupe avec du pain. Ma soupe préférée est la soupe à l'oignon, mais j'aime aussi la soupe de tomates.

> Je m'appelle Leo. Je fais la cuisine pour ma femme. Son plat préféré est l'agneau avec des pommes de terre et des carottes. Parfois, nous mangeons des glaces en dessert.

> Je m'appelle Emma. J'adore le fromage. Mon fromage préféré est le fromage bleu, surtout le roquefort. Je le mange avec un bout de baguette et du raisin.

8 La nourriture

	True	False
1. Laura is a vegetarian.	✓	
2. Leo and his wife sometimes have ice cream for dessert.	✓	
3. Jean's favourite soup is onion soup.		✓
4. Emma eats cheese with bread and strawberries.		✓
5. Jean dislikes tomato soup.		✓
6. Laura eats lots of seafood.		✓
7. Leo's wife's favourite dish is ham with potatoes and carrots.	✓	
8. Emma prefers blue cheese.	✓	

Go to **page 74** of your *Chef d'œuvre* to complete Activité 2 : Mon journal alimentaire.

I can talk about what I eat.

EXERCICE 11

Regardez les images et décrivez ce qui est sur chaque table.

Sur la table, il y a _____

_____

_____

_____

Les expressions avec avoir

You already know that that the verb **avoir** (to have) is used in French to talk about age (e.g. **J'ai quatorze ans**), whereas in English the verb 'to be' is used (e.g. '**I am** fourteen years old').

There are other French expressions that also use 'to have' where you might expect 'to be'. It is useful to learn these.

Expression	Meaning	Example
avoir faim	to be hungry	J'ai faim avant le dîner.
avoir soif	to be thirsty	Tu as soif quand il fait chaud.
avoir besoin de	to need	Il a besoin de tomates pour faire la soupe.
avoir chaud	to be warm	Elle a chaud après l'EPS.
avoir froid	to be cold	On a froid en décembre.
avoir raison	to be right	Nous avons raison de rire.
avoir tort	to be wrong	Vous avez tort de partir.
avoir peur de	to be afraid	Ils ont peur des araignées.
avoir sommeil	to be sleepy	J'ai sommeil le matin.
avoir de la chance	to be lucky	Tu as de la chance en amour.
avoir honte de	to be ashamed of	Il a honte de ses notes.
avoir envie de	to desire to/want	Elle a envie de visiter Paris.
avoir lieu	to take place	Pâques a lieu au printemps.

J'ai faim !

J'ai soif !

EXERCICE 12

Complétez les phrases avec le verbe **avoir** et traduisez-les en anglais.

1. J'_ai_ besoin de pain pour le petit déjeuner. _I need some bread for breakfast_ ✓

2. Nous _avons_ froid en hiver. _We are cold in winter_ ✓

3. Tu _as_ soif après le match. _you are thirsty after the match_ ✓

4. Vous _avez_ sommeil en classe. _you are sleepy in class_ ✓

5. Il _a_ peur des souris. _he is afraid of mice_ ✓

6. Ils _ont_ chaud en été. _they (masc) are hot in summer_ ✓

7. Elle _a_ de la chance. _She is lucky_ ✓

8. Elles _ont_ faim à midi. _they (fem) are hungry at miday_ ✓

9. Tu _as_ envie de chocolat. _you want some chocolate_ ✓

10. Il _a_ sommeil le lundi soir. _he is sleepy on monday evening_ ✓

 I know expressions that use the verb avoir.

8 La nourriture

8.7 Écoutez !

De quoi avez-vous besoin pour préparer les repas ? Écoutez et écrivez les listes des courses à faire.

1.
potatoe, icegreen, greenbeans, onion, chicken, strawbanes

2.
Croissont, orange juice, jam, water, milk, bread

3.
tomatoes, peas, mushroom, greenbeans, samon

4.
carrot, cheese, peas, bread, wine, lamb

Go to **page 105** of your *Chef d'œuvre* to fill in the eighth section of your Tout sur moi ! fact file.

Faire la cuisine

un four	un micro-ondes	une poêle	une casserole
un saladier	un tablier	un gant de cuisine	une balance

8.8 Écoutez !

CD 2 Track 35

Écoutez et répétez les articles de cuisine.

Le verbe irrégulier mettre

The irregular verb **mettre** (to put) is useful when talking about cooking.

Je mets	I put
Tu mets	you put (*one person/informal*)
Il met	he puts
Elle met	she puts
On met	one puts
Nous mettons	we put
Vous mettez	you put (*more than one person/formal*)
Ils mettent	they put (*masculine*)
Elles mettent	they put (*feminine*)

C'est intéressant !

The French phrase **chanter comme une casserole** ('to sing like a saucepan') is used to describe a bad singer!

EXERCICE 13

Complétez les phrases avec le verbe **mettre** et traduisez-les en anglais.

1. Elle _____ le poulet au four. _____

2. Je _____ les petits pois sur la balance. _____

3. Vous _____ le chocolat au micro-ondes pour le faire fondre. _____

4. Il _____ les fraises et les framboises dans un saladier. _____

5. Nous _____ les pommes de terre dans une casserole d'eau. _____

6. Ils _____ les œufs dans la poêle. _____

 8.9 Écoutez !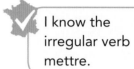

Écoutez et répétez le verbe irrégulier **mettre**.

 I know the irregular verb mettre.

 ### EXERCICE 14

Lisez le texte et répondez aux questions.

> « Salut ! Je m'appelle Colette. Pendant mon temps libre, j'aime faire la cuisine pour ma famille. Je porte un tablier jaune.
>
> Chez nous, le plat préféré est le saumon et les légumes. Pendant que le saumon est au four, je coupe les carottes et les mets dans une casserole d'eau. Puis, je mets les épinards dans une poêle avec de l'huile. C'est délicieux !
>
> Ce que je préfère quand je fais la cuisine c'est après, quand mon frère fait la vaisselle ! »

1. What colour is Colette's apron?
2. What is the household's favourite dish?
3. Use your dictionary to translate the phrase **je coupe les carottes**.
4. Find the French for 'It's delicious!' in the text.
5. Which vegetable does Colette put into a saucepan with oil?
6. What is Colette's favourite thing about cooking?

 8.10 Écoutez !

Écoutez et répétez les quantités et les ingrédients.

 ## Des mots clés

Les quantités		Les ingrédients	
Un litre	A litre	L'huile	Oil
Un demi-litre	A half-litre	Le sel	Salt
Une cuillère à café	A teaspoonful	Le poivre	Pepper
Une cuillère à soupe	A tablespoonful	La farine	Flour
Une pincée	A pinch	Le sucre	Sugar
Un peu	A little		
Les grammes	Grams		

EXERCICE 15

Regardez les ingrédients pour les crêpes et répondez aux questions.

Pour faire trente crêpes, vous avez besoin de : *you need*

* 500 grammes de farine

* 4 œufs

* 1 litre de lait

* 2 cuillères à soupe d'huile

* 1 pincée de sel

1. How many crepes will these ingredients make? 30
2. Milk, sugar, eggs, flour. Which of these four ingredients is not needed to make crepes? *sugar*
3. What quantity of oil is needed? 2 tablespoons
4. What quantity of salt is needed? 1 pinch

 ## 8.11 Écoutez ! *CD 2 Track 38*

Écoutez et complétez la liste des ingrédients pour faire un gâteau à la carotte.

* 1 egg

* 40 grams of <u>sugar</u>

* <u>30</u> grams of <u>butter</u>

* <u>40</u> grams of flour

* 2 <u>carrot</u>

* 1 tablespoon of <u>orange</u> juice

* A bit of _____

* A <u>pinch</u> of salt

 I know the quantities and ingredients vocabulary.

8 La nourriture

... Paul et répondez aux questions en anglais.

Paris, le 17 avril

Cher Barry,

Plans

Ça va ? Moi, ça va bien. Quels sont ~~tes projets~~ pour ce week-end ?

after *always*

Chaque samedi, je vais à la piscine avec mon frère et ma sœur. Ensuite, nous avons ~~toujours~~ faim ! Nous aimons manger de la pizza.

my fav dish

C'est mon ~~plat préféré~~ et il est facile à faire. Pour la pâte, ~~on a besoin~~ de farine, de beurre de lait et de sel.

we need

J'aime ma pizza avec de la sauce tomate, du fromage, du thon et des oignons. C'est délicieux !

doesn't eat

Mon frère ne ~~mange pas~~ de poisson. Il aime sa pizza avec de la sauce tomate, du fromage et des champignons. Ma sœur mange toujours une pizza hawaïenne avec de la sauce tomate, du fromage, du jambon et de l'ananas. Une pizza avec des fruits – c'est horrible !

Nous buvons de la limonade. Nous regardons la télévision pendant que nous mangeons.

Quel est ton plat préféré ? Quelle est ta boisson préférée ? Qu'est-ce que tu aimes manger et qu'est-ce que tu n'aimes pas ?

Amitiés,

Paul

1. When do Paul and his siblings go swimming? *Sunday*
2. What ingredients are needed to make the pizza base (la pâte)? *tomotoe sauce, cheese, tuna, onion.*
3. What ingredients does Paul like on his pizza? *butter, salt, flour, milk*
4. What food does Paul's brother not eat? *fish*
5. What does his brother have on his pizza? *mushroom, cheese, tomatoe sauce*
6. What ingredients are on his sister's Hawaiian pizza? *pineapple, ham, cheese, sauce*
7. Why does Paul not like Hawaiian pizza? *cuz of the pineapple (doesn't like fruit)*
8. What do they have to drink? *lemonade*
9. What do they do while they eat? *watch tv*

Go to **page 75** of your *Chef d'œuvre* to complete Activité 3 : Cher Paul.

Pâques en France

Easter (**Pâques**) in France is associated with many food-related traditions.

Before Lent (**le Carême**) comes Mardi Gras ('Fat Tuesday'). Traditionally, this day was the last chance to enjoy rich foods before the fast. Parades are held throughout France, with a huge carnival taking place in Nice (**le Carnaval de Nice**). Sweet pastries, such as crepes (**des crêpes**), waffles (**des gaufres**) and deep-fried doughballs covered in icing sugar called **beignets**, are enjoyed.

As well as Easter eggs (**les œufs de Pâques**), chocolate bells (**les cloches en chocolat**) are traditional in France. They represent the story that France's church bells 'fly away' to Rome on Good Friday, only to return on Easter Sunday with lots of treats!

A traditional main course in the Easter Sunday meal is **gigot d'agneau** (leg of lamb), prepared with herbs (**des herbes**) and served with spring vegetables (**des légumes de printemps**).

Joyeuses Pâques (Happy Easter) is the greeting exchanged during this period.

EXERCICE 17

Entourez le mot qui convient.

1. un poisson / un poussin / une cloche	**4.** un agneau / un lapin / un poulet
2. une crêpe / un œuf de Pâques / un panier	**5.** des gaufres / des bananes / des crêpes
3. une église / un œuf / une cloche	**6.** des œufs / des crêpes / du chocolat

La nourriture 8

Le dossier francophone : La Côte d'Ivoire

Le drapeau :

C'est intéressant !

The Ivory Coast flag is the Irish flag back to front.

La capitale : Yamoussoukro / Abidjan

C'est intéressant !

The country's name comes from its former ivory trade and it was once known as La Côte de Dents (The Teeth Coast).

La monnaie : Le franc CFA (Communauté Financière Africaine)

Des montagnes : Le Mont Nimba, le Mont-Korhogo

Des rivières : Le Sassandra, le Cavally, la Comoé

C'est intéressant !

Taï National Park is home to the pygmy hippopotamus.

Des sites touristiques : Le Parc National de Taï, la Basilique de Notre Dame de la Paix de Yamoussoukro, le Musée des Civilisations de Côte d'Ivoire, le Parc National de la Comoé

Des personnes célèbres : Didier Drogba (joueur de football), Isaach de Bankolé (acteur), Tiken Jah Fakoly (chanteur de reggae)

C'est intéressant !

In 2009, Ivorian band Magic System topped the French charts for seven weeks with their song 'Même pas fatigué !!!' ('Not Even Tired !!!'). You can watch the video on YouTube.

La nourriture : L'alloco (fried bananas with onion and chilli), le kédjénou (chicken with vegetables), le mafé (meat in peanut butter sauce), le foutou (mashed banana or yams with aubergine sauce)

Des fêtes : La Fête des Ignames (janvier), la Fête de Bouaké (mars), la Fête du Dipri (avril), la Fête des Masques (novembre)

C'est intéressant !

Ivory Coast is the world's top cocoa producer.

C'est intéressant !

Every year during la Fête des Ignames (The Festival of Yams), the Akan people pay respect to their ancestors by offering up the early crop of yams (a tuber vegetable) with hopes of prosperity, peace and a good harvest in the year ahead.

Résumé

EXERCICE A

Remplissez la grille de mots croisés.

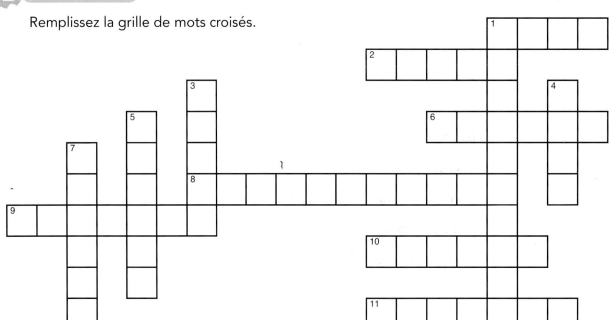

Horizontalement

1.  (4)

2.  (5)

6.  (6)

8.  (11)

9.  (7)

10.  (6)

11.  (7)

Verticalement

1.  (6, 4)

3.  (5)

4.  (4)

5. (6)

7. (6)

EXERCICE B

Remplissez les blancs avec le verbe **manger** ou le verbe **boire**.

1. Je _bois_ du café chaque matin. ✓

2. Il _mange_ du thé pour le petit déjeuner. ✓

3. Elle _mange_ du pain grillé le matin. ✓

4. Nous _buvons_ de l'eau après le match. ✓

5. On _mange_ du fromage après le plat principal en France. ✓

6. Tu _bois_ du lait. ✓

7. Vous _buvez_ du chocolat chaud. ✓

8. Ils _mangent_ des croissants pour le petit déjeuner. ✓

9. Elles _boivent_ du jus d'orange. ✓

10. Nous _mangez_ de la pizza vendredi soir.

EXERCICE C

Quel magasin ? Placez les mots dans les colonnes qui conviennent.

du saumon	une tarte au citron	une baguette	du bœuf	de l'agneau
un gâteau au chocolat	du pain	du thon	du jambon
un croissant	des moules	du porc

Boucherie	Boulangerie	Poissonnerie	Pâtisserie

EXERCICE D

Où est l'intrus ?

1. Croissant, pain, pain grillé, beurre. _____ butter ✓

2. Concombre, haricots verts, agneau, chou-fleur. _____ lamb ✓

3. Pommes de terre, citron, orange, poire. _potato,_ _____ ✓

4. Jambon, poulet, salade, bœuf. _____ salad beef ✓

5. Limonade, soupe, thé, café. _lemonade, soup, tea, coffee_

8 La nourriture

EXERCICE E

Lisez la conversation et traduisez les expressions en français.

> **Le marchand :** Bonjour, madame. Comment puis-je vous aider aujourd'hui ?
>
> **La cliente :** Bonjour, monsieur. Je voudrais un kilo de carottes, s'il vous plaît.
>
> **Le marchand :** C'est tout ?
>
> **La cliente :** Avez-vous des haricots verts ?
>
> **Le marchand :** Oui, bien sûr.
>
> **La cliente :** Donnez-moi 500 grammes de haricots alors, s'il vous plaît.
>
> **Le marchand :** Voilà, madame.
>
> **La cliente :** Ça coûte combien ?
>
> **Le marchand :** Ça coûte huit euros vingt.
>
> **La cliente :** Voilà. Merci beaucoup.
>
> **Le marchand :** Merci. Au revoir, madame.
>
> **La cliente :** Au revoir, monsieur.

1. How can I help you today? _Comment puis-je vous aider aujourd'hui_
2. I would like … _Je voudrais_
3. Please. _s'il vous plaît_
4. Here it is. _____
5. Do you have … _____
6. Give me … _____
7. How much does it cost? _____
8. Yes, of course. _____
9. Thank you very much. _____
10. Goodbye, sir. _____

EXERCICE F

Lisez le texte et répondez aux questions en anglais.

> « Je n'ai pas le temps de manger avant l'école. Je préfère manger une pomme ou une orange à la pause. Le week-end j'ai plus de temps et je mange du pain grillé ou des céréales. Je bois du chocolat chaud. » **Vivien**

> « Pendant la semaine, je prends le petit déjeuner à sept heures. Je mange du pain avec du beurre et de la confiture. Quelquefois, je mange un croissant ou un pain au chocolat. Je bois du jus d'orange. » **Marc**

> « Tous les jours, je mange le petit déjeuner avant l'école. Je pense que c'est le repas le plus important de la journée. Je mange des céréales avec du lait. Je bois du thé. Je mange aussi une banane. » **Florence**

1. What does Florence think about breakfast?
2. What does Florence eat and drink for breakfast?
3. What time does Marc eat breakfast during the week?
4. Why doesn't Vivien eat breakfast on school days?
5. What two things does Vivien have for breakfast at the weekend?
6. Who has a piece of fruit with their breakfast?

EXERCICE G

Utilisez les images pour écrire une phrase.

Exemple

Pour le petit déjeuner, je mange du pain avec du beurre et je bois du thé.

1.

pour le petit déjeuner, je mange une croissant, avec du confiture et je bois du jus d'orange

2.

pour le déjeuner, je mange un sandwich, du yaourt et je puis l'eau

3.

pour le dîner, je mange des moules, des frites, du gâteau et je bois du jus d'citrons

EXERCICE H

Écoutez la description du repas et remplissez la grille.

Starter	
Main course	
Dessert	

 EXERCICE I

Traduisez les phrases en anglais.

1. Un litre de jus d'orange. — A litre of orange juice ✓

2. Un kilo de pommes de terre. — A kilo of potatoe ✓

3. Une pincée de sel. — A pinch of salt ✓

4. Un demi-litre de lait. — A-half-litre of milk ✓

5. Une cuillerée à café de sucre. — a teaspoonful of Sugar ✓

6. Une cuillère à soupe d'huile. — A tablespoonful of Oil ✓

7. Un peu de poivre. — A little of pepper ✓

8. Cent grammes de farine. — 100 grams of flour ✓

 EXERCICE J

Lisez le texte et répondez « vrai » ou « faux » aux affirmations.

> « Salut. Je m'appelle Dominique. Mon repas préféré est le déjeuner du dimanche. Chez moi, nous mangeons de la salade de tomates, puis du poulet avec des pommes de terre et des carottes. J'aime le poulet et les pommes de terre, mais je ne mange pas de carottes.
>
> Comme dessert, il y a un gâteau. J'adore ça. Ma boisson préférée est la limonade. »

	Vrai	Faux
1. Dominique déteste le déjeuner du dimanche.	☐	☐
2. Chez lui, il y a de la soupe en entrée.	☐	☐
3. Comme plat principal, ils mangent du poisson.	☐	☐
4. Dominique aime le poulet.	☐	☐
5. Dominique adore les carottes.	☐	☐
6. Il n'aime pas beaucoup le gâteau.	☐	☐
7. Sa boisson préférée est le jus d'orange.	☐	☐

EXERCICE K

Reliez les nombres avec les lettres.

1. Il met la pizza dans le four. (a.)

5. Elle met la farine sur la balance. (e.)

2. Elle met la farine dans le saladier. (b.)

6. Il met le poivre dans la poêle. (f.)

3. Elle met le sel dans la casserole. (c.)

7. Il met la soupe au micro-ondes. (g.)

4. Elle met les oignons dans la poêle. (d.)

8. Elle met l'orange dans le saladier. (h.)

8 La nourriture

1.	2.	3.	4.	5.	6.	7.	8.

Go to **page 77** of your *Chef d'œuvre* to evaluate your learning in chapter 8.

Le texte authentique

Regardez le menu de la cantine scolaire et répondez aux questions qui suivent.

Menu de la cantine scolaire

	Lundi	Mardi	Mercredi	Jeudi	Vendredi
Entrée	Salade de carottes	Soupe à l'oignon	Salade de concombre et tomates	Salade verte	Salade de riz
Plat principal	Filet de saumon Riz	Escalope de porc Pommes de terre	Poulet grillé Frites	Ragoût de bœuf Haricots verts	Côtelette d'agneau Carottes et petits pois
Option végétarienne	Champignons farcis	Quiche aux légumes	Omelette au fromage	Pizza au fromage et aux tomates	Gratin d'aubergines
Dessert	Yaourt à la fraise	Salade de fruits	Tarte aux pommes	Crêpes à la banane	Gâteau au chocolat et aux cerises

1. What is the starter on Wednesday? *salad with tomatoes and cucumber* ✓
2. What type of meat is the main course on Thursday? *beef* ✓
3. What day is lamb on the menu? *Friday* ✓
4. What type of vegetable is the vegetarian option on Friday? *eggplant* ✓ *(aubergines)*
5. What is served with the salmon fillet on Monday? *rice* ✓
6. What flavour of soup is Tuesday's starter? *onion* ✓
7. What type of cake is on the menu on Friday? *chocolate, cherry* ✓
8. Choose which day's lunch you would like best and explain your choice in French.
   (e.g. **Je préfère le menu du mercredi parce que j'adore la tarte aux pommes.**)
   Je préfère le menu du jeudi parce que j'adore la crepes ✓

 Go to **educateplus.ie/resources/allons-y** to complete the interactive exercises for chapter 8.

9 Au restaurant

Bon appétit !

Dans ce chapitre, vous allez étudier :
In this chapter, you will study:

Grammaire
Grammar

Culture
Culture

Réserver une table

Before you visit a more formal restaurant in France, you may have to reserve a table. The following vocabulary will help you.

Des mots clés

Je voudrais réserver une table.	I would like to reserve a table.
Pour combien de personnes ?	For how many people?
Pour deux / trois / quatre personnes.	For two / three / four people.
Pour quelle date ?	For what date?
C'est à quel nom ?	What is the name?
C'est au nom de …	It's in the name of …
Quel est votre numéro de téléphone ?	What is your telephone number?
Mon numéro de téléphone est le …	My telephone number is …

Retenez !
French telephone numbers are expressed as a series of double digits.

9.1 Écoutez ! CD 2 Track 40

Écoutez et répétez le vocabulaire pour réserver une table.

9.2 Écoutez ! CD 2 Track 41

Écoutez la conversation et remplissez les blancs.

La serveuse : Allô, _Restaurant_ de la Gare ! Je peux vous aider ? ✓

Le client : Bonjour, je voudrais _réserver_ une table, s'il vous plaît.

La serveuse : Pour quelle _date_ ? ✓

Le client : Pour lundi _10_ mars, s'il vous plaît. ✓

La serveuse : À quelle _heures_ ? ✓

Le client : À _vingt_ heures, si possible. ✓

La serveuse : Pour _combien_ de personnes ? ✓

Le client : Pour trois _personnes_, s'il vous plaît. ✓

La serveuse : C'est à quel nom ?

Le client : C'est _au_ _nom_ _de_ Dubois . D-U-B-O-I-S. ✓

La serveuse : Et quel est votre numéro de téléphone ?

Le client : C'est le 31 _90_ 38 _56_ 27. ✓
_30_

La serveuse : Alors, je répète : une _table_ pour _trois_ personnes, lundi 10 _mars_ à vingt heures. ✓

Le client : Parfait, merci. Au _Revoir_.

EXERCICE 1

Par deux, utilisez les informations pour réserver une table. Jouez les rôles du serveur / de la serveuse et du client / de la cliente.

1.
Number of people: Three
Time: Saturday night at 19h00
Name: Leblanc
Tel: 7865887634

2.
Number of people: Two
Time: Friday evening at 18h30
Name: Petit
Tel: 9876540986

3.
Number of people: Eight
Time: Sunday at 13h15
Name: Chirac
Tel: 7898651365

4.
Number of people: Four
Time: Saturday at 12h45
Name: Legrand
Tel: 5646767043

9 **Au restaurant**

Retenez !

When you include the day of the week, you don't need to put *le* before the date (e.g. Je voudrais réserver une table pour lundi 4 janvier). When the day isn't included, you need to add *le* (e.g. C'est le 4 janvier.)

✓ I can reserve a table in French.

Go to **page 105** of your *Chef d'œuvre* to fill in the ninth section of your *Tout sur moi !* fact file.

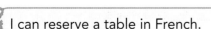

Manger dehors en France

French people take great pleasure in eating out, whether for a catch-up with friends in a **café**, a casual dinner in a neighbourhood **bistro** or to celebrate a special occasion at the finest Michelin-starred **restaurant**.

Many restaurants in France have a **menu à prix fixe**, which offers set dishes (usually an **entrée**, **plat principal** and **dessert**) for a fixed price. You may also see this type of meal advertised on restaurant chalk boards as **la formule du jour**.

The alternative to the set meal is to order individually priced dishes **à la carte** (literally translated as 'by the menu'). Most restaurants also advertise **plats du jour** (dishes of the day).

EXERCICE 2

Lisez le texte et répondez aux questions.

in copy

Je m'appelle Anna. J'aime aller au café ~~toute seule~~ *by herself*. Je bois du café, je mange un croque-monsieur et je lis un livre. C'est le paradis.

Je m'appelle Noel. Il y a un beau bistro près de ma maison. J'y vais le dimanche avec ma famille pour le déjeuner. Normalement, nous commandons le plat du jour.

Je m'appelle Jean. En hiver, tous les jeudis après l'école, je vais au café avec mes amis. Nous bavardons et buvons du chocolat chaud. Miam miam !

Je m'appelle Carine. Chaque année, pour l'anniversaire de ma mère, nous sortons dîner dans un restaurant chic. C'est cher, mais la nourriture est super.

1. Who does Anna go to the café with? *alone*
2. What does she do while she's there? *read*
3. On what day of the week does Noel's family go to the bistro for lunch? *Sunday*
4. What do they normally order?
5. When does Jean go to the café with his friends? *thursday after school*
6. What do they drink?
7. Find the French for 'yum yum' in the text.
8. On what occasion does Carine's family go out to a fancy restaurant?
9. What does she say about the food?

C'est intéressant !

The **croque-monsieur** is a classic French café dish. It is a fried or grilled sandwich of ham and Gruyère cheese, topped with creamy béchamel sauce. If it is served with a fried egg on top, it is called a **croque-madame** – because the egg is said to look like a woman's fancy hat!

Le verbe irrégulier vouloir

The verb **vouloir** (to want) is irregular and must be learned well. It is very useful for buying and ordering food.

Je veux	I want
Tu veux	you want (*one person/informal*)
Il veut	he wants
Elle veut	she wants
On veut	one wants
Nous voulons	we want
Vous voulez	you want (*more than one person/formal*)
Ils veulent	they want (*masculine*)
Elles veulent	they want (*feminine*)

The phrase **Je voudrais** ('I would like'), which you've already met, is the conditional form of the verb **vouloir**. You will learn the other parts of this form in book 2.

Je veux un croissant.

9.3 Écoutez !

CD 2
Track 42

Écoutez et répétez le verbe irrégulier **vouloir**.

EXERCICE 3

Complétez les phrases avec le verbe **vouloir** et traduisez-les en anglais.

1. Je _veux_ un café. — I want coffee
2. Il _veut_ une pizza. — he wants pizza
3. Elle _veut_ une glace. — she wants ice-cream
4. Nous _voulons_ du chocolat chaud. — we want hot chocolate
5. Vous _voulez_ un dessert, monsieur ? — you want desert, sir?
6. Elles _veulent_ du lait pour leurs céréales. — they (fem) want milk for their cereal
7. Tu _veux_ du sucre ? — you want sugar
8. Je _veux_ des haricots verts et des carottes. — I want green beans and carrots
9. Il ne _veut_ pas de dessert. — he doesn't want dessert
10. Vous ne _voulez_ pas de fromage après le plat principal. — you (fam) doesn't want cheese after main dish / course

I know the irregular verb vouloir.

9

Au restaurant

Les spécialités régionales françaises

French speciality dishes vary in each region, depending on the ingredients available in the area and the influences of neighbouring countries. For example, seafood dishes are traditional in coastal regions and the south of France has lots of spicy dishes due to its proximity to Spain.

In the north of France, many of the speciality dishes have Belgian influences. A favourite in the area is **les gaufres à la citrouille** (pumpkin waffles).

A classic dish from the east of the country is **la quiche lorraine** – a baked-crust tart filled with bacon, cheese and egg. Although it is named for the Lorraine region of France, it originated in nearby Germany.

Burgundy in central France is a region known for its red wine and beef. **Le bœuf bourguignon** is a rich stew that makes use of these two ingredients. Snails served with garlic and parsley butter – **les escargots à la bourguignonne** – is another famous dish from this region.

One of the south's most famous dishes is **la bouillabaisse** – a seafood stew from Provence that is traditionally served with **croûtons** (pieces of toasted bread) topped with a garlic and chilli sauce called **rouille**.

Brittany in western France is the birthplace of **la crêpe Suzette** – a pancake served with a butter, sugar and orange sauce. As there is alcohol in the sauce, it can be set on fire to entertain diners. This is called **flambé**.

France as a whole is famous for its cheese – over 400 varieties! Camembert is made in Normandy, brie originated in the Île-de-France region, roquefort is produced in the south of the country and the Loire Valley is known for its **chèvre** (goats' cheese).

EXERCICE 4

Lisez le menu et répondez aux questions.

La Maison de Marcel

Menu à 28,50 €
Lundi et mardi

Entrées
Toast de chèvre chaud
Escargots à la bourguignonne
Salade de saison

Fromage
(Servi avec du pain)
Brie
Camembert
Gruyère

Plats
Bœuf bourguignon
Coq au vin
Lapin à la moutarde

Desserts
Tarte aux fraises
Crêpe Suzette
Glace maison

9 Au restaurant

1. On what days is this menu available? *monday, tuesday* ✓
2. How much would you pay for an entire meal? *28,50* ✓
3. What kind of cheese appears in the starters? *Brie, camembert, Gruyere* ✓
4. Based on the main courses, where in France do you think this restaurant is situated? *Burgundy*
5. What is the cheese served with? *bread* ✓

C'est intéressant !

It is unusual to see a separate children's menu in French restaurants.
Children are expected to eat from the same menu as their parents.

✓ I can read a menu in a French restaurant.

Go to **page 81** of your *Chef d'œuvre* to complete Activité 1 : Mon menu.

Commander à manger

Now that you know the verb **vouloir** and a selection of French dishes, you are ready to order!

EXERCICE 5

Commandez les plats suivants.

Exemple

	Je veux des escargots à la bourguignonne, du pain et de l'eau, s'il vous plaît.
1. 	Je veux du saumon ~~au~~ avec citrons et des haricots verts et de l'eau, s'il vous plaît
2.	Je veux du fromage, de la saucisse, du raisin et ~~un~~ des café, s'il vous plaît
3. 	Je veux de la tarte^aux pommes et de jus d'orange s'il vous plait
4. 	Je veux de gâteau et de chocolat chaud, s'il vous plait

Des mots clés

Avez-vous choisi ?	Are you ready to order?
Qu'est-ce que vous voulez ?	What do you want?
Comme entrée / plat principal / dessert / boisson?	As a starter/main/dessert/drink?
En entrée / plat principal / dessert / boisson, je veux / voudrais …	For starter/main/dessert/drink, I want/would like …

9.4 Écoutez !

Que commandent-ils ? Écoutez les conversations et remplissez la grille.

	Starter	Main course	Dessert	Drink
Customer 1	Soup *veg* ✓	Bouillabaisse	*chocolate mouse* ✓	*water*
Customer 2	*Salad & tomatoe* ✓	*chicken fries* ✓	*cheese* ✓	*orange juice* ✓
Customer 3	*salmon smoked*	*quiche & salad*	*none* ✓	*coffee* ✓
Customer 4	*Salad & tomatoe green beans eggs*	*beef stew onion*	*crepe syrp*	Red wine

Des mots clés

Vous avez terminé ?	Have you finished?
L'addition, s'il vous plaît.	The bill, please.

Juste pour rire !

Client : Serveur, il y a une mouche dans ma soupe !

Serveur : Ne vous en faites pas. L'araignée dans la salade va l'attraper.

C'est intéressant !

In a French restaurant, the waiter won't bring the bill (**l'addition**) until you request it. Doing so would go against the French belief that a meal should be enjoyed at a leisurely pace.

☑ I know how to order in a French restaurant.

9 Au restaurant

EXERCICE 6

Lisez la bande dessinée. Puis, par deux, jouez les rôles du serveur / de la serveuse et du client / de la cliente.

Le service de table

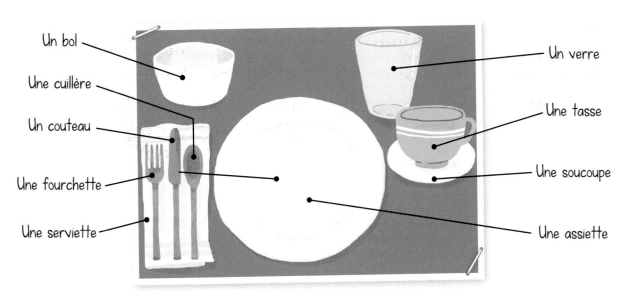

Un bol

Une cuillère

Un couteau

Une fourchette

Une serviette

Un verre

Une tasse

Une soucoupe

Une assiette

 EXERCICE 7

Remettez les lettres dans le bon ordre pour trouver les éléments du service de table.

1. nu obl _____
2. enu lcèrleiu _____
3. nu rerve _____
4. nue ssate _____
5. nu utecoau _____
6. eun ssttaeie _____

 EXERCICE 8

Traduisez les phrases en anglais.

1. Je mange ma soupe avec une cuillère. _____

2. Je veux un verre d'eau, s'il vous plaît. _____

3. Le chat boit une soucoupe de lait. _____

4. Il boit une tasse de thé tous les matins. _____

5. Tu as besoin d'un couteau et d'une fourchette pour manger du bœuf.

   _____

6. Ils mangent une assiette de fromage et de fruits. _____

7. Je mange un bol de céréales au petit-déjeuner. _____

8. Donnez-moi la serviette, s'il vous plaît. _____

 ## 9.5 Écoutez !

Écoutez et répétez les éléments du service de table.

 I know the table setting vocabulary.

 **EXERCICE 9**

Lisez la lettre d'Étienne et répondez aux questions en anglais.

Nîmes, le 5 mars

Cher Kieran,

Merci pour ta lettre. C'est mon anniversaire vendredi prochain ! Je vais aller dans mon restaurant préféré avec mes parents, ma sœur et mes grands-parents.

beside

Le restaurant est situé <u>à côté du</u> parc. Il s'appelle Bellevue. Il est chic, donc je vais porter une chemise et une cravate. Mon père a réservé une table pour 20h00.

Le menu est composé de plats classiques français, comme la ratatouille. Sa spécialité est la brandade de morue – un plat de poisson avec du sel, de l'huile et du lait.

Une autre spécialité de la ville est le petit pâté de Nîmes. C'est une pâte, farcie de porc. Il est servi avec de la salade. C'est vraiment délicieux !

Comme dessert, on a le choix entre la crêpe Suzette, la glace au citron ou la tarte aux poires.

Comme plat principal, je vais commander le poisson. Et comme dessert, je vais manger de la glace et, bien sûr, du gâteau d'anniversaire !

As-tu un restaurant préféré ? Quelles sont les spécialités de l'Irlande?

Amitiés,

Étienne

1. When is Étienne's birthday? Next Friday
2. Who is he going out to his favourite restaurant with? parents, sister, grandparents
3. Where is the restaurant situated? beside the park
4. What is it called? Bellevue
5. What will Étienne wear?
6. What time has Étienne's dad booked the table for? 8:00
7. The restaurant's speciality is called **brandade de morue**. [cod] What are its ingredients? fish, milk, oil, salt
8. Étienne mentions another speciality from his home city called **petit pâté de Nîmes**. What is it?
9. What are the three dessert options? lemon ice cream, pear tarte, crepe
10. What will Étienne order for his main course? fish
11. What does he say he will eat for dessert? ice cream & B-day cake

Go to **page 82** of your *Chef d'œuvre* to complete Activité 2 : Cher Étienne.

La Fête Nationale

La Fête Nationale, known in English as Bastille Day, is the most important holiday in the French calendar. Every 14 July, the country celebrates the anniversary of the start of the French Revolution by holding firework displays (**des feux d'artifice**), parades (**des défilés**) and street parties (**des fêtes de rue**). In Paris, the Eiffel Tower is lit up in red, white and blue – the colours of the French flag.

It was on this date in 1789 that the people of Paris stormed the city's Bastille prison. This eventually led to the fall of the monarchy and to France becoming a republic.

As the holiday falls during summer, families and friends often mark it with a picnic (**un pique-nique**) or a barbecue (**un barbecue**). Restaurants may offer a special **menu du 14 juillet**.

People wish each other **Joyeux 14 juillet** or **Bonne fête nationale**. Patriotic expressions such as **Vive la France !** (Long live France!) and **Vive la liberté !** (Long live freedom!) can also be heard.

C'est intéressant !

Galette des rois (king cake) is a puff pastry tart filled with frangipane (ground almonds, butter and sugar). During the French Revolution – when anything associated with royalty was disliked – it was renamed **le gâteau de l'égalité** (equality cake). Today, the original name has been reinstated and **galette des rois** is traditionally eaten on 6 January.

EXERCICE 10

Lisez le texte ci-dessus et répondez aux questions en français.

1. Quelle est la date de la Fête Nationale ?
2. Nommez deux façons (ways) de célébrer la Fête Nationale pour les Français.
3. Quelles sont les couleurs de la Tour Eiffel le jour de la Fête Nationale ?
4. Quel type de bâtiment est la Bastille – un château, une prison ou une église ?
5. Quel est le nom du gâteau de l'égalité aujourd'hui ?
6. Nommez une expression patriotique associée à la Fête Nationale.

9 Au restaurant

Le dossier francophone : Le Canada

Le drapeau :

La capitale : Ottawa

C'est intéressant !

Ottawa is the capital of Canada, but Montréal in Québec is its French-speaking capital.

C'est intéressant !

French is the first language of 22 per cent of the people in Canada, most of whom live in the eastern province of Québec, where it is the official language. Canadian French is often called Québécois.

La monnaie : Le dollar canadien

Des montagnes : Les Rocheuses canadiennes, le Mont Jacques-Cartier, le Mont Mégantic, le Mont Gosford

C'est intéressant !

Explorer Jacques Cartier founded a French colony in Canada in the sixteenth century. His name can still be seen in place names throughout the Québec. Most francophone Canadians are descended from the early French colonists.

Des rivières : La Rivière Bonaventure, la Rivière Saguenay, la Grande Rivière, la Grande Rivière de la Baleine, le fleuve Saint-Laurent

Des sites touristiques : La Tour CN, la Basilique-cathédrale Notre-Dame de Québec, les Musées de la civilization, les chutes du Niagara

C'est intéressant !

Like the American and British forms of English, French Canadian and Standard French have their differences. For example, French Canadians use the informal **tu** at times when Standard French speakers would be more likely to use the formal **vous**. There are also lots of different slang words – for example, French Canadians often say **mes chums** in place of **mes amis**.

Des personnes célèbres : Justin Trudeau (Premier ministre du Canada), Céline Dion (chanteuse), Julie Payette (astronaute), Jean-Marc Vallée (réalisateur), Jacques Villeneuve (pilote automobile)

La nourriture : La poutine (French fries with cheese curd and gravy), la tire sur la neige (maple syrup lollipops), la tourtière (meat pie), les cretons (pork spread with onions and spices), le pouding chômeur (cake with maple syrup)

C'est intéressant !

Le pouding chômeur translates as 'unemployed pudding'. The simple recipe came about during Canada's Great Depression in the 1930s, when many people were without work.

Des fêtes : Montréal en Lumière (janvier), le Festival du Voyageur (février), le Festival du Bois (février–mars), la Fête de la Saint-Jean-Baptiste (juin), la Franco-Fête Toronto (juillet), le Mondial des Cultures (juillet), la Foire Brayonne (juillet–août)

C'est intéressant !

La Fête de la Saint-Jean-Baptiste is Québec's **fête nationale**. Bonfires, firework displays and street parties are held to celebrate Franco-Canadian culture. On this day, French Canadians wish each other **Joyeuse Saint-Jean-Baptiste !**

9 Au restaurant

Résumé

EXERCICE A

Traduisez les éléments du service de table et trouvez-les dans la grille.

Bowl	
Spoon	
Saucer	
Plate	
Glass	
Knife	
Napkin	
Fork	
Cup	

```
F  T  Q  V  I  I  G  B  Q  Z  O  D  Y  H  W  Z  J  X  I  K
T  W  L  W  B  G  L  J  K  X  S  J  J  U  F  R  V  Y  K  A
H  C  R  F  L  X  T  H  B  P  I  V  U  A  E  M  H  V  J  W
U  G  Y  R  T  Z  B  Y  X  N  G  H  B  K  P  L  L  S  C  A
I  Q  N  W  D  L  H  E  A  N  S  K  O  X  J  S  I  K  J  U
S  S  F  R  S  F  E  E  J  W  C  O  U  T  E  A  U  O  C  B
C  O  F  A  C  A  S  S  I  E  T  T  E  S  O  K  V  Q  U  O
O  U  N  Z  K  G  P  C  M  K  L  K  M  E  T  L  E  F  I  X
U  C  A  I  I  D  E  W  B  C  P  Y  C  Y  E  S  R  S  L  L
Y  O  V  H  D  W  M  R  S  T  Q  C  E  L  F  S  R  V  L  P
Q  U  A  R  J  G  S  R  A  Y  X  I  X  O  B  E  E  L  È  A
W  P  O  L  A  U  Z  P  W  Q  K  S  O  S  I  R  F  K  R  L
F  E  F  O  U  R  C  H  E  T  T  E  Q  X  U  V  Z  N  E  B
T  V  G  B  F  N  F  D  G  V  M  O  D  Q  O  I  O  R  P  Z
L  A  A  E  M  S  T  V  D  V  F  E  I  F  E  E  J  W  V  Y
Y  I  S  S  E  C  M  L  G  U  U  C  I  O  D  T  K  B  T  E
L  U  E  S  C  G  W  M  N  K  N  E  W  O  V  T  N  O  P  Q
O  A  E  C  E  Z  K  U  R  T  A  K  P  D  T  E  A  B  L  N
E  O  Q  P  R  U  L  Y  L  G  G  S  E  W  M  Y  I  Z  O  K
Y  H  X  N  X  C  N  D  M  R  Q  X  D  H  W  G  D  X  T  R  L
```

EXERCICE B

Utilisez les informations ci-dessous pour compléter la conversation.

Number of people: Four

Time: Thursday night at 19h30

Name: Boucher

Tel: 9689327943

La serveuse	Le client
Allô, Restaurant l'Avenue. Comment puis-je vous aider aujourd'hui ?	
	Pour jeudi soir, s'il vous plaît.
À quelle heure ?	
	Pour quatre personnes, s'il vous plaît.
C'est à quel nom ?	
	C'est le 9689327943.
Merci, monsieur. Au revoir.	

 ## EXERCICE C

Écoutez les réservations et remplissez la grille.

	Date	Time	Number of people	Name
1.				
2.				

EXERCICE D

Regardez le menu et répondez aux questions.

CHEZ JULIETTE

Les entrées

Salade verte	3,50 €
Pâté maison	4,50 €
Soupe au jambon et petits pois	4,00 €
Moules à l'ail et au beurre	5,50 €

garlic

Les plats principaux

Lasagne	9,00 €
Steak frites	12,00 €
Poisson du jour	10,50 €
Poulet rôti	7,50 €

Les desserts

Glace (chocolat, citron, fraise)	2,00 €
Fondant au chocolat	3,50 v
Poire poché au vin rouge	5,00 €
Gratin d'ananas	4,00 €

Les boissons

Jus de fruit (orange, tomate, pomme)	1.00 €
Café	3,50 €
Thé	3,00 €
Chocolat chaud	2,50 €

everyday
Ouvert tous les jours
22 Rue St Bernard, Nice
Tél : 05 23 55 65 34

1. How much does the mussels starter cost? *5,50* ✓
2. Which starter could a vegetarian order? *Salade* ✓
3. How much does the fish of the day cost? *10,50*
4. What flavours of ice cream are there? *choco, lemon, strawberry* ✓
5. In desserts, what kind of fruit is poached in red wine? *Orange, tomatoe, apple* ✓
6. What varieties of fruit juice are available? *peach? B Pear*
7. How much would the bill be if you ordered the ham and pea soup starter, the roast chicken main course, the pineapple gratin dessert and a coffee? *19€* ✓
8. On what days is the restaurant open? *all week*

EXERCICE E

Regardez l'image et répondez aux questions.

Retenez !

Revise the prepositions in chapter 4 (page 97).

Example

Où est le couteau ?   Le couteau est à droite de l'assiette.

1. Où est la serviette ?   _____

2. Où est le poulet rôti ?   _____

3. Où est la fourchette ?   _____

4. Où est l'addition ?   _____

5. Où est la cuillère ?   _____

6. Où est l'assiette ?   _____

 EXERCICE F

Lisez la carte postale d'Anouk et répondez aux questions.

Salut Mélanie,

L'Irlande est très jolie et très verte, mais il fait froid ! Ils mangent le dîner à 18h00 ici. C'est bizarre !

Nous sommes à Dublin et il y a beaucoup de bons restaurants en ville. Mon plat préféré en Irlande s'appelle « coddle ». C'est un ragoût de porc avec des pommes de terre, des carottes et des oignons. C'est un plat qui tient chaud !

Nous allons à Cork demain. Mon père veut manger des moules et boire de la Guinness là-bas !

À bientôt !

Anouk

Mélanie Jobert

15 rue de l'Église

3500 Rennes

France

1. Give two adjectives that Anouk uses to describe Ireland. *jolly and green*
2. What does she think is bizarre about dinner in Ireland? *they eat dinner at 6,00*
3. What is Anouk's favourite Irish dish called? *Coddle*
4. Name two ingredients it contains. *pork, potatoe*
5. When is Anouk going to Cork? *tommorow*
6. What does her father want to eat and drink there? *Guinness, mussles*

EXERCICE G

Remplissez les blancs avec le verbe **vouloir**.

1. Comme entrée, je ___veux___ une salade maison.

2. Elles ___veulent___ du café avec leur dessert.

3. Nous ___voulons___ réserver une table pour le déjeuner du dimanche.

4. Elle ___veut___ commander le menu à prix fixe.

5. Ils ___veulent___ une table pour deux.

6. ___voulez___ -vous une boisson, madame ?

7. Comme plat principal, il ___veut___ le bœuf bourguignon.

8. Je ___veux___ un verre d'eau.

EXERCICE H

Par deux, posez des questions et répondez, chacun à votre tour.

1. Quel est ton restaurant préféré ?

2. Comme entrée, qu'est-ce que tu aimes manger ?

3. Comme plat principal, qu'est-ce que tu aimes manger ?

4. Comme dessert, qu'est-ce que tu aimes manger ?

5. Quelles sont les spécialités de l'Irlande ?

Go to **page 84** of your *Chef d'œuvre* to evaluate your learning in chapter 9.

9 Au restaurant

Le texte authentique

Regardez les trois ardoises du restaurant et répondez aux questions qui suivent.

A.

B.

C.

1. What kind of tart does *cheese* Restaurant C offer as a starter?

2. At what times of day is Restaurant C's menu available?

3. Which French city does the sausage in Restaurant A's menu come from?

4. What kind of crumble does *Banana* Restaurant A offer as a dessert?

5. How many people can eat beef for €45 at Restaurant B? *pair*

6. Use your dictionary to translate the phrase **saveurs du sud**.

7. Complete the following table:

Which restaurant would you choose ...	
if you wanted a fixed price menu for one person?	A
if you were in the mood for pasta?	C
if you wanted quiche as a starter?	A
if you wanted lamb with potatoes?	B

 Go to **educateplus.ie/resources/allons-y** to complete the interactive exercises for chapter 9.

10 Une vie saine

Dans ce chapitre, vous allez étudier :
In this chapter, you will study:

Je reste en forme !

Grammaire
Grammar

Culture
Culture

teamsports

Les sports d'équipe

le hurling
le camogie
le foot gaélique

Le foot

Le hockey

Le rugby

Le badminton

Le handball

Le basket

Les boules / la pétanque

Le tennis

Le volley

10.1 Écoutez !
CD 2 Track 46

Écoutez et répétez les sports d'équipe.

C'est intéressant !

In the popular French sport **la pétanque** (also known as **les boules**), steel balls are aimed at a target called **le cochonnet**. The player whose ball stops nearest the target wins.

EXERCICE 1

Remettez les lettres dans le bon ordre pour trouver les sports d'équipe.

1. el ootf — le foot
2. le adbintonm — le badminton
3. el ochyke — le hockey
4. le kasbet — le basket

5. el sentin — le tennis
6. els ubeosl — les boules
7. le evloyl — le volley
8. el alanbldh — le handball

 I know the vocabulary for team sports.

Jouer à

You already know that **jouer** (to play) is a regular –er verb and that it is followed by **de** when you are talking about playing a musical instrument (see page 140).

Jouer à is used when you are talking about playing team sports (**les sports d'équipe**).

Jouer +	Form of à	Example
masculine noun	au	Je joue au tennis
feminine noun	à la	Je joue à la pétanque
plural noun	aux	Je joue aux boules

Retenez !
Remember that if you want to say you do not do something, you use ne [verb] pas.

EXERCICE 2

Remplissez les blancs avec **au**, **à la** ou **aux**.

1. Je joue _au_ volley avec mon école.

2. Tu joues _au_ tennis avec ton frère.

3. Il ne joue pas _au_ foot chaque mercredi.

4. Elle joue _au_ basket après l'école.

5. Nous jouons _aux_ boules en France.

6. Vous jouez _au_ handball samedi matin.

7. Ils jouent _au_ rugby dimanche après-midi.

8. Elles ne jouent pas _au_ badminton.

I understand how to use jouer à when talking about team sports.

Les sports individuels

le surf

L'athlétisme (M)

Le ski

Le VTT (vélo tout terrain)

mountain cycling

L'équitation (F)

Le cyclisme

La natation

La gymnastique

Le skateboard

La planche à voile

La voile

L'escalade (fem)

rock climbing

Le golf

C'est intéressant !

Cycling is a hugely popular sport in France. Many people follow **Le Tour de France** for 23 days every summer. The aim of each competitor is to wear **le maillot jaune** (the yellow jersey), which indicates who has the overall lead in the race.

 10.2 Écoutez ! CD 2 Track 47

Écoutez et répétez les sports individuels.

 I know the vocabulary for individual sports.

Faire de *Je fais, Tu fais, il/elle/on fait, Nous faisons Vous faites, ils/elles font*

You know that **faire** (to make/do) is an irregular verb (see page 91). **Faire** is used with the preposition **de** when talking about individual sports (**les sports individuels**).

Faire +	Form of de	Example
masculine noun	du	Je fais du cyclisme.
feminine noun	de la	Je fais de la natation.

Notice that **de la** becomes **de l'** in front of a noun that begins with a vowel (e.g. Je fais **de l'**athlétisme).

> **Je fais du skateboard !**

Retenez !
Remember that du, de la and de l' become de or d' in the negative (e.g. Je ne fais pas de ski).

 EXERCICE 3

Remplissez les blancs avec **du**, **de la**, **de l'** ou **de**.

1. Je fais _de la_ gymnastique mercredi après l'école.

2. Tu fais _de l'_ athlétisme.

3. Elle fait _de la_ voile avec ses amis.

4. Nous faisons _de la_ de natation samedi après-midi.

5. Ils ne font pas _du_ cyclisme.

6. Elles font _de l'_ équitation.

7. Elle ne fait pas _de la de_ planche à voile.

8. Vous faites _du_ skateboard.

 EXERCICE 4

Remplissez les blancs avec la forme correcte du verbe **jouer** ou du verbe **faire**.

1. Je _joue_ au volley en été.

2. Il _fait_ de la voile en vacances.

3. Il _fait_ du cyclisme chaque dimanche.

4. Nous _jouons_ au foot tous les jours.

5. Vous _jouez_ au tennis avec vos amis.

6. Ils _font_ de la natation en France.

7. Elles _font_ de l'athlétisme.

8. Tu _joues_ aux boules en France.

 I understand how to use faire de when talking about individual sports.

10 Une vie saine

EXERCICE 5

Par deux, parlez des sports.

– Y a-t-il des sports que tu n'aimes pas ?

– Es-tu sportif / sportive ?

– Quels sports pratiques-tu ?

– Quel est ton sport préféré ?

ma grande passion, c'est /

nas passion

 10.3 Écoutez ! CD 2 Track 48

Écoutez les gens et remplissez la grille.

Name	Favourite sport	Likes	Dislikes
Benoît	horse riding	tennis watching matches	golf
Suzanne	tennis	cycleing	Swimming
Madeleine	rugby	football all teams sports	~~athletics~~ gymnastic
Guillaume	Sailing	swimming	football
Marianne	kite surfing wind	skateboard	cycling

 I can take part in and understand conversations about sports.

EXERCICE 6

Lisez le texte et répondez « vrai » ou « faux » aux affirmations.

> Bonjour, je m'appelle David.
> Je suis très sportif !
>
> Après l'école, je joue au foot avec mon meilleur ami, Jean-Paul. C'est un sport très actif. Quand il pleut, nous jouons au badminton à la maison des jeunes.
>
> En été, je fais de la natation en mer. Ma sœur fait de la planche à voile, mais c'est trop difficile pour moi.
>
> Mes parents font du cyclisme. Ils portent beaucoup de vêtements en Lycra !
>
> Mon grand-père joue aux boules avec ses amis tous les mercredis après-midi. Ils adorent ça et ils sont très compétitifs !

	True	False
1. David plays football with his brother after school.	☐	☑
2. When it rains, they play badminton at the youth club.	☑	☐
3. In spring, David swims in the sea.	☐	☑
4. David's sister sails.	☑	☐
5. His parents cycle.	☑	☐
6. David's grandfather plays boules with his friends every Friday afternoon.	☐	☑
7. The boules players are not very competitive.	☐	☑

 ## 10.4 Écoutez !

Écoutez les gens et remplissez la grille.

Name	Hélène	Michel	Adalie	Souleymane
Sport	hockey	Swimming	Ski	foot
Day of the week	Mercredi (wed)	Sunday	Friday evening	thursday everynight

Presque chaque =

Go to **page 88** of your *Chef d'œuvre* to complete Activité 1 : Mon blog de sports.

Les verbes irréguliers pouvoir et devoir

Pouvoir (to be able to) and **devoir** (to have to) are both irregular verbs.
As they don't follow the regular –ir verb rules, they must be learned well.

Je peux	I am able to/can
Tu peux	you are able to/can (*one person/informal*)
Il peut	he is able to/can
Elle peut	she is able to/can
On peut	one is able to/can
Nous pouvons	we are able to/can
Vous pouvez	you are able to/can (*more than one person/formal*)
Ils peuvent	they are able to/can (*masculine*)
Elles peuvent	they are able to/can (*feminine*)

Je dois	I have to/must
Tu dois	you have to/must (*one person/informal*)
Il doit	he has to/must
Elle doit	she has to/must
On doit	one has to/must
Nous devons	we have to/must
Vous devez	you have to/must (*more than one person/formal*)
Ils doivent	they have to/must (*masculine*)
Elles doivent	they have to/must (*feminine*)

Like **vouloir** (to want), **pouvoir** and **devoir** are very useful verbs because their present tense form can be followed with lots of different infinitive (full) verbs to make phrases.

Retenez !

The infinitive (basic verb) is the part of the verb you find in a dictionary and ends in -er -ir or -re. For example, jouer, aller, manger, finir, faire and boire.

10.5 Écoutez !

Écoutez et répétez les verbes irréguliers **pouvoir** et **devoir**.

 EXERCICE 7

Complétez les phrases avec le verbe **pouvoir** ou le verbe **devoir** et traduisez-les en anglais.

1. Je (pouvoir) ___peux___ faire du golf.

   I am able to golf

2. Vous (devoir) ___devez___ manger le petit déjeuner avant d'aller à l'école.

   Yous have to eat breakfast before going to school

3. Nous ne (pouvoir) ___pouvons___ pas aller à la piscine le dimanche.

   We are not able to go to the pool on Sunday

4. Tu (devoir) ___dois___ dîner ce soir.

   You have to dîner at night

5. Nous (devoir) ___devons___ finir notre déjeuner avant de faire de l'équitation.

   We have to lunch before going horse riding

6. Elles (devoir) ___doivent___ jouer au hockey le samedi matin.

   They (fem) must play hockey on Saturday morning

7. Tu (devoir) ___dois___ finir tes devoirs avant d'aller à la gymnastique.

   You must finish your homework before going to gymnastics

8. Elle (pouvoir) ___peut___ faire la cuisine après le match de football.

   et she is able to cook after the football match

9. Il (devoir) ___doit___ faire la vaisselle avant de sortir.

   he must iron do the washing before going out

10. (Pouvoir) ___~~Pouvoi~~ pouvez___ -vous jouer au badminton ?

    are you able to play badminton?

 I know the irregular verbs pouvoir and devoir.

10 Une vie saine

Les conseils pour avoir une vie saine

a healthy life

Pour vivre une vie saine, on doit ... *one has to*			

eat your fruits and vegtable everyday

manger des fruits et des légumes chaque jour

sleep for atleast 8 hrs

dormir huit heures par nuit

don't eat, sugary, salty and fattes foods

manger moins d'aliments sucrés, salés *salty* et gras *fatty*

spend time with friends

passer du temps avec les amis

drink 2L of water a day

boire deux litres d'eau par jour

dont smoke or acholol

dire « non » aux cigarettes et à l'alcool

exercise 3 times a week

faire de l'exercice trois fois par semaine

10.6 Écoutez !

CD 2 Track 51

Écoutez les conseils pour avoir une vie saine.

EXERCICE 8

Lisez les conseils pour avoir une vie saine de la page 252 et répondez aux questions.

1. How often must one eat fruit and vegetables? *everyday*
2. What type of foods must one eat less of? *sugary, fatty and salty*
3. How many litres of water must one drink per day? *2*
4. How many times a week must one exercise? *3*
5. How many hours sleep must one get per night? *8*
6. Who must one spend time with? *friends*
7. What two things must one say 'no' to in order to live a healthy life? *cigarettes alcohol*

10.7 Écoutez ! CD 2 Track 52

Écoutez les gens et remplissez la grille.

	Eats fruit and vegetables	Drinks at least two litres of water a day	Exercises at least three times a week
Jean-Paul	✓	✗	✓
Lisa	✓	✓	✓
Isabelle	✗	✓	✗
Jules	✓	✓	✗

EXERCICE 9

Par deux, parlez de votre mode de vie.

– Est-ce que tu manges sainement ?
– Est-ce que tu manges souvent des aliments sucrés ou des snacks ?
– Est-ce que tu fais de l'exercice ?
– Combien d'heures par nuit dors-tu ?

 I can talk about living a healthy lifestyle in French.

C'est intéressant !

In French, the phrase **avoir mangé du lion** (literally, to have eaten lion) is used to mean 'to have lots of energy'!

 Go to **page 89** of your *Chef d'œuvre* to complete Activité 2 : La pyramide alimentaire.

10 Une vie saine

Les Jeux de la Francophonie

The **Jeux de la Francophonie** (Francophone Games) is a competition open to teams from French-speaking countries around the world, as well as a number of guest nations. Participants must be between the ages of 18 and 35.

The games take place every four years, in the year following the Olympic Games. The first Francophone Games was held in 1987 in Morocco (**Maroc**).

During the games, Francophone nations compete against each other in athletics (**l'athlétisme**), basketball, football, judo (**le judo**), wrestling (**la lutte**), table tennis (**le tennis de table**) and cycling.

As well as sporting events, the Francophone Games includes cultural competitions, such as street arts (**les arts de la rue**), visual arts (**les arts visuels**), storytelling (**le conte**), song (**la chanson**), literature (**la littérature**) and photography (**la photographie**).

The 2017 Jeux de la Francophonie were held in the Ivory Coast (**Côte d'Ivoire**).

JEUX DE LA FRANCOPHONIE

JEUNESSE, ARTS ET SPORTS

EXERCICE 10

Lisez le texte ci-dessus et remplissez les blancs.

1. Les participants aux Jeux de la Francophonie doivent avoir entre _____ et _____ ans.

2. Les jeux ont lieu tous les _____ ans.

3. Les premiers Jeux de la Francophonie ont eu lieu au _____ en 1987.

4. Il y a sept sports dans les jeux : _____, le basket, le football, le judo, la lutte, le tennis de table et le _____.

5. Le concours culturel comprend les arts de la rue, les arts _____, le conte, la chanson, la littérature et la _____.

6. En 2017, les Jeux de la Francophonie ont eu lieu en _____ _____.

C'est intéressant !

The Jeux de la Francophonie continue to grow with each edition. The first ever games in Morocco hosted 1,700 participants from 38 nations. In 2013, 3,200 participants from 54 nations took part in the seventh games in Nice, France.

EXERCICE 11

Lisez le profil d'un athlète et répondez aux questions en anglais.

Nom :	Justine Henin
Nationalité :	Belge
Résidence :	Monte-Carlo, Monaco
Date de naissance :	Le 1ᵉʳ juin 1982
Lieu de naissance :	Liège, Belgique
Famille :	Deux frères aînés, une sœur cadette
Taille :	1.66 m
Poids :	57 kg
Cheveux :	Blonds
Yeux :	Marron

(handwritten above Famille: older ... younger)

Carrière :

Justine Henin est une joueuse de tennis.
Elle a gagné trois fois l'Open de France.
Elle a gagné l'US Open deux fois et
l'Open d'Australie une fois. En 2004,
Justine a gagné une médaille d'or aux
Jeux Olympiques. *won a gold medal in the Olympics*

10 Une vie saine

1. Which sport does Justine Henin play? *tennis ✓*
2. Which country is she from? *Belgium*
3. Where does she live now? *monte-Carlo, monaco ✓*
4. What date is her birthday? *1ˢᵗ june 1982*
5. Describe Justine's appearance. *Blond hair, Brown eyes*
6. How many siblings does Justine have? *3   2 brother, 1 sister*
7. How many times has Justine won (**a gagné**) the French Open? *3 times ✓*
8. What happened in Justine's career in 2004? *won a medal at the olymics ✓   gold*

Go to **page 95** of your *Chef d'œuvre* to complete Activité 3 : Un profil d'athlète francophone.

EXERCICE 12

Lisez le régime alimentaire d'un athlète et répondez aux questions en français.

7h00 : Le petit déjeuner 1

Un grand bol de céréales avec du lait

Un smoothie à la banane, aux framboises et au jus de citron

8h00 : L'entraînement

Un litre d'eau

9h45 : Le petit déjeuner 2

Du pain grillé et des œufs avec du bacon, des champignons et des tomates

Du jus d'orange

11h00 : L'entraînement

Une barre de céréales

Un litre de boisson énergétique

13h00 : Le déjeuner

Du poulet grillé avec du riz et de la salade verte

Du jus de pomme

14h00 : L'entraînement

Une barre de céréales

Un litre de boisson énergétique

19h30 : Le dîner

Du saumon grillé avec des pommes de terre, des carottes et des haricots verts

Un yaourt

Une pomme

Deux verres d'eau

1. Combien de petits déjeuners cet athlète mange-t-il ? *cereal and som smoothie*
2. Quels fruits y a-t-il dans son smoothie du petit déjeuner ? *banana, raspberries and lemon juice*
3. Combien de fois par jour s'entraîne-t-il ? *3*
4. Qu'est-ce qu'il y a sur le pain grillé ? *eggs, bacon, mushroom, tomatoe*
5. Quels sont les légumes servis avec le saumon ? *green salad*
6. Combien de litres de boisson énergétique boit-il ? *2 litre*

Des mots clés

Le régime   Diet   L'entraînement   Training   La boisson énergétique   Sports drink

EXERCICE 13

Lisez le texte et répondez aux questions en anglais.

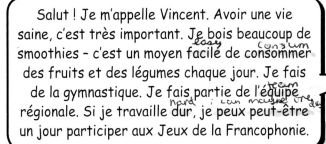

Bonjour. Je m'appelle Sophie. J'habite près de la mer, alors je fais de la natation tous les matins. J'ai gagné trois médailles de natation pour mon école. Je mange souvent des légumes. Parfois je mange de la malbouffe comme des frites ou des bonbons.

Salut ! Je m'appelle Vincent. Avoir une vie saine, c'est très important. Je bois beaucoup de smoothies – c'est un moyen facile de consommer des fruits et des légumes chaque jour. Je fais de la gymnastique. Je fais partie de l'équipe régionale. Si je travaille dur, je peux peut-être un jour participer aux Jeux de la Francophonie.

Bonjour. Je m'appelle Nathalie. J'adore le sport. Je joue au tennis le lundi, au badminton le mercredi et au volley le samedi ! L'entraînement m'aide à rester en forme. Je mange bien. J'ai de la chance car je n'aime pas la malbouffe.

Je m'appelle Édouard. Ma mère est coach sportif, donc avoir une vie saine est très important chez moi. Nous mangeons beaucoup de poisson, de légumes et de salades. Nous buvons aussi beaucoup d'eau. Il y a une petite gym au sous-sol et je l'utilise trois ou quatre fois par semaine.

1. Find the sentence 'To have a healthy lifestyle is very important' in the text.
2. Where does Sophie live?
3. What does Vincent say is an easy way to consume fruit and vegetables?
4. On what day of the week does Nathalie play badminton?
5. Use your dictionary or *Lexique* to identify the word for 'junk food' in the text.
6. Who says they are lucky that they don't like junk food?
7. Whose mother is a sports coach?
8. Who is on the regional gymnastics team?
9. Who has won three swimming medals for their school?
10. Use your dictionary or *Lexique* to identify the phrase 'to stay fit' in the text.
11. Which foods do they eat a lot of in Édouard's house?
12. Where is the gym in Édouard's house?
13. How many times a week does he use it?
14. What does Vincent say might happen one day if he works hard?

Go to **page 105** of your *Chef d'œuvre* to fill in the tenth section of your Tout sur moi ! fact file.

Le dossier francophone : Le Viêt Nam

Le drapeau :

C'est intéressant !

Vietnam has the biggest French-speaking population in Asia, followed by neighbouring countries Cambodia and Laos. All three countries were once French colonies.

C'est intéressant !

In Vietnamese French, the **vous** form of 'you' is used in both formal and informal situations.

La capitale : Hanoi

La monnaie : Le dong vietnamien

Des montagnes : Le Phan Xi Păng, Sơn Trà, Tà Cú

C'est intéressant !

Although the majority of the population now speaks Vietnamese, many words in the language have their roots in French. For example, the Vietnamese word for 'spoon', *cùi dìa*, is closely related to the French **cuillère**. *Ga tô*, Vietnamese for 'cake', is pronounced almost identically to **gâteau**.

Des rivières :
Le Mékong,
le fleuve Rouge,
la rivière Noire,
la rivière de Saïgon

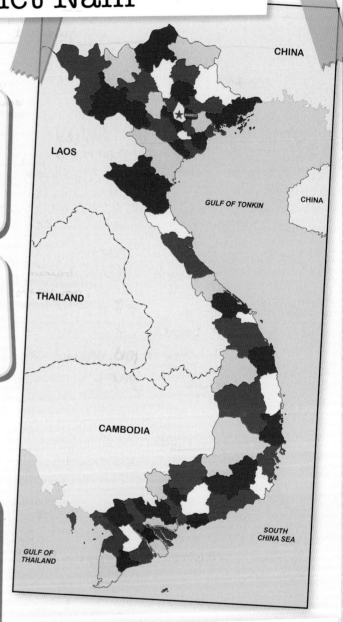

Des sites touristiques : La pagode Trấn Quốc, le temple Bach Ma, la Basilique-Cathédrale Notre-Dame de Saigon, les chutes de Pongour

Des personnes célèbres : Dustin Nguyen (acteur), Ngô Bảo Châu (mathématicien), Kiều Chinh (actrice), Lan Cao (auteur)

La nourriture : Phở (noodles, meat and spices in broth), bánh mì (sandwich of meat, paté, coriander and pickles), bánh bao (steamed dumpling), lẩu (spicy soup), bánh flan (caramel and custard pudding)

C'est intéressant !

Phở is pronounced in the same way as the French word **feu**, suggesting that the noodle dish may have been named with the French for beef stew (**pot-au-feu**) in mind. A more obvious French influence in Vietnamese cooking is the bánh mì sandwich, which is made with baguette bread.

Des fêtes : Tết (janvier), Thầy Pagoda Festival (mars), Huế (avril, mai ou juin), Tet Trung Thu (septembre), Balade en France (novembre)

C'est intéressant !

Balade en France is an annual French food festival that is held in Ho Chi Minh City.

C'est intéressant !

Tết Trung Thu (Mid-Autumn Festival) is one of Vietnam's most important celebrations. It marks the end of harvest and is a time of parades, star-shaped lanterns and eating beautifully patterned mooncakes with family.

Go to **page 96** of your *Chef d'œuvre* to complete Activité 4 : Mon dossier francophone.

10 Une vie saine

Résumé

EXERCICE A

Remplissez la grille de mots croisés.

Horizontalement

1. (5)

7. (6)

8. (10)

Verticalement

2. (11)

3. (8)

4. (6)

5. (4)

6. (8)

7. (5)

EXERCICE B

Complétez les phrases avec la forme correcte de **jouer à** ou **faire de**.

Exemple

Je _joue_ _au_ tennis en été quand il fait beau.

1. Tu _fais de la_ voile avec ton oncle.

2. Elle _fait de la_ natation samedi soir.

3. Il _fait du_ ski depuis cinq ans.

4. Elle _fait du_ cyclisme surtout en été.

5. Nous _faitons du_ golf chaque soir.

6. Ils _jouent au_ basket avec leur école.

7. Elles _font de l'_ équitation trois fois par semaine.

8. Vous _jouez aux_ boules avec vos amis.

EXERCICE C

Traduisez les phrases en français.

1. I play football with my brother.

   _____

2. You do not like football.

   _____

3. He does gymnastics on Thursday evening.

   _____

4. She loves golf and basketball.

   _____

5. We play rugby on Saturday morning.

   _____

6. You (pl.) windsurf when it is windy.

   _____

7. They (m.) sail.

   _____

8. They (f.) play tennis in summer.

   _____

9. We ski when it is snowing.

   _____

10. I cycle with my family at the weekend.

    _____

10 Une vie saine

EXERCICE D CD 2 Track 53

Écoutez les gens et répondez aux questions.

1. Sandrine

a. What sport does Sandrine play?

b. On which days does she train?

c. When does she normally have matches?

d. Name two other sports that she enjoys watching on television.

2. Fabien

a. Name two sports that Fabien enjoys.

b. What is his favourite sport?

c. What sport does he enjoy in the summer?

d. How much is entry to the swimming pool?

3. Lou

a. Why does Lou not have time for sport at the moment?

b. What is her favourite subject at school?

c. What two sports does she play at school?

d. What sport does she say she is going to do every day after the exams?

EXERCICE E

Complétez les phrases avec le verbe **devoir** ou le verbe **pouvoir** et traduisez-les en anglais.

1. Nous (devoir) _devons_ manger des fruits et des légumes cinq fois par jour.

   we have to eat fruits and veg 5 times a day ✓

2. Je (pouvoir) _peux_ jouer au football.

   I am able to Play football ✓

3. On (devoir) _doit_ faire plus d'exercice.

   one has to do more excercise

4. Elle ne (pouvoir) _peut_ pas sortir avec ses amis.

   she is not able to spend time with friends

5. Je (devoir) _dois_ aller au gym tous les week-ends.

   I have to go to the gym on the every week-ends

6. Tu (pouvoir) _peux_ jouer au hockey après l'école ?

   are you are able to Play hockey after school

7. Ils (devoir) _doivent_ arriver à huit heures.

   They (masc) have to arrive at 8:00

8. Nous (pouvoir) _peuvons_ regarder dans le dictionnaire.

   We are able to ~~watch~~ look in the dictionary

EXERCICE F

Remplissez les blancs avec les mots.

écoute	natation	escalade	regarder	joue
aime	fait	soleil	planche	

1. J'adore _regarder_ la télévision parce que j'aime beaucoup les comédies. ✓

2. Je _joue_ au foot. ✓

3. J'adore la montagne, alors je fais de l'~~natation~~ escalade. ✓

4. J'adore la mer et j'aime faire de la _planche_ à voile. ✓

5. Je n'_aime_ pas le foot parce que ce n'est pas intéressant.

6. J'_écoute_ de la musique pop sur mon iPod. ✓

7. Quand il _fait_ froid je reste à la maison. ✓

8. Quand il fait chaud et il y a du _soleil_, je fais de la ~~escalade~~ natation.

10 Une vie saine

EXERCICE G

Placez les mots dans les colonnes qui conviennent.

~~les frites~~ ~~les fruits~~ ~~le chocolat~~ ~~la pizza~~ *hazelnuts* ~~la salade~~	
~~le pain blanc~~ ~~le hamburger~~ ~~les pâtisseries~~ ~~les noisettes~~ ~~l'eau~~	
fizzie drinks ~~les boissons gazeuses~~ ~~les bonbons~~ ~~le riz brun~~ ~~les légumes~~	

often   *time to time*

Manger ou boire souvent	Manger ou boire de temps en temps
les fruits	les frites
la salade	le chocolat
les legumes	le hamburger
l'eau	la pizza
les pâtisseries	les bonbons
le riz brun	les noisettes
le pain blanc	les boissons gazeuses

EXERCICE H

Par deux, posez des questions et répondez, chacun à votre tour.

1. Es-tu sportif / sportive ?

2. Quels sports aimes-tu ?

3. Y a-t-il des sports que tu n'aimes pas ?

4. Quel est ton sport préféré ?

5. Est-ce que tu manges sainement ?

EXERCICE I

Utilisez les images pour trouver les mots qui manquent.

to have a healthy lifestyle

Pour avoir une vie saine, il est très important de bien manger et de faire de l'exercice souvent.

On doit manger ___cinq___ fruits ou ___légumes___ par jour. Manger une ___pommes___

ou une banane le matin et toujours servir une portion de légumes avec le ___déjeuneur___

et le dîner. On doit aussi manger plus de ___poisson___ gras et moins de ___sel___.

On doit faire de l'exercice ___trois___ fois par semaine. Quand il y a du ___soleil___,

faites du ~~cyclisme~~ pour aller à l'école ou au travail. Vous pouvez, peut-être, essayer
~~vioo~~
vélo

un nouveau sport. Trouvez vos équipes locales et participez ! Si vous n'aimez pas les

sports d'équipe, vous pouvez aller à la ___natation___ ou à la gym dans votre ville pour

rester en forme.

Go to **page 98** of your *Chef d'œuvre* to evaluate your learning in chapter 10.

10 Une vie saine

Le texte authentique

Regardez l'affiche pour une alimentation saine et répondez aux questions qui suivent.

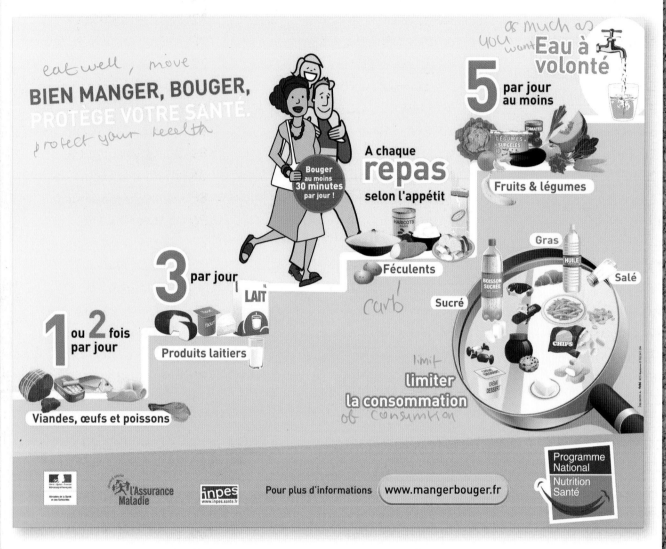

1. How many dairy products are recommended each day? 3
2. What type of food should you eat with every meal? Carbs
3. What items should you eat at least five of per day? Fruit & veg
4. How often should you eat meats, eggs and fish? 1 or 2
5. Use your dictionary or *Lexique* to find out what the verb **bouger** means. Move
6. Which three types of food should you limit consumption of? Salty, oily & sugary
7. How much water can you drink? 4

 Go to **educateplus.ie/resources/allons-y** to complete the interactive exercises for chapter 10.

Les nombres

1	un	38	trente-huit	75	soixante-quinze
2	deux	39	trente-neuf	76	soixante-seize
3	trois	40	quarante	77	soixante-dix-sept
4	quatre	41	quarante et un	78	soixante-dix-huit
5	cinq	42	quarante-deux	79	soixante-dix-neuf
6	six	43	quarante-trois	80	quatre-vingts
7	sept	44	quarante-quatre	81	quatre-vingt-un
8	huit	45	quarante-cinq	82	quatre-vingt-deux
9	neuf	46	quarante-six	83	quatre-vingt-trois
10	dix	47	quarante-sept	84	quatre-vingt-quatre
11	onze	48	quarante-huit	85	quatre-vingt-cinq
12	douze	49	quarante-neuf	86	quatre-vingt-six
13	treize	50	cinquante	87	quatre-vingt-sept
14	quatorze	51	cinquante et un	88	quatre-vingt-huit
15	quinze	52	cinquante-deux	89	quatre-vingt-neuf
16	seize	53	cinquante-trois	90	quatre-vingt-dix
17	dix-sept	54	cinquante-quatre	91	quatre-vingt-onze
18	dix-huit	55	cinquante-cinq	92	quatre-vingt-douze
19	dix-neuf	56	cinquante-six	93	quatre-vingt-treize
20	vingt	57	cinquante-sept	94	quatre-vingt-quatorze
21	vingt et un	58	cinquante-huit	95	quatre-vingt-quinze
22	vingt-deux	59	cinquante-neuf	96	quatre-vingt-seize
23	vingt-trois	60	soixante	97	quatre-vingt-dix-sept
24	vingt-quatre	61	soixante et un	98	quatre-vingt-dix-huit
25	vingt-cinq	62	soixante-deux	99	quatre-vingt-dix-neuf
26	vingt-six	63	soixante-trois	100	cent
27	vingt-sept	64	soixante-quatre	200	deux cents
28	vingt-huit	65	soixante-cinq	300	trois cents
29	vingt-neuf	66	soixante-six	400	quatre cents
30	trente	67	soixante-sept	500	cinq cents
31	trente et un	68	soixante-huit	600	six cents
32	trente-deux	69	soixante-neuf	700	sept cents
33	trente-trois	70	soixante-dix	800	huit cents
34	trente-quatre	71	soixante et onze	900	neuf cents
35	trente-cinq	72	soixante-douze	1,000	mille
36	trente-six	73	soixante-treize	2,000	deux mille
37	trente-sept	74	soixante-quatorze	1 million	un million

Les nombres

First	1er / ère	premier / première
Second	2ème	deuxième
Third	3ème	troisième

Acknowledgements

The authors wish to acknowledge the following:

Thank you to all who worked on this book, especially Sinéad and Julie at Educate.ie; our families and friends for their encouragement, love and support while writing; and all the staff at Our Lady's Secondary School Templemore and St Leo's College, Carlow, for their inspiration and support. *Merci mille fois.*

The authors and publisher would like to thank the following for permission to reproduce photographs and book covers:

AF archive/Alamy Stock Photo; Babasteve/Wikimedia Commons; Bigstock; Council of Europe; Gillian Zouzoukov/Wikimedia Commons; Hemis/Alamy Stock Photo; Home Bird/Alamy Stock Photo; Hugh Threlfall/Alamy Stock Photo; Jeffrey Blackler/Alamy Stock Photo; J. K. Rowling, *Harry Potter à l'école des sorciers*, illustrated by Jean-Claude Götting, Collection Folio Junior, Editions Gallimard Jeunesse; Keith Erskine/Alamy Stock Photo; *Le journal d'un dégonflé*, Jeff Kinney © Editions du Seuil, 2009; Markus3 (Marc ROUSSEL)/ Wikimedia Commons; S Meyer, Twilight T1 © Hachette Livre 2005; *Nos étoiles contraires*, John Green © Éditions Nathan, 2013; Roman Yanushevsky/ Shutterstock, Inc.; PhotoAlto sas/Alamy Stock Photo; PhotoAlto/Alamy Stock Photo; Photos 12/Alamy Stock Photo; Pictorial Press Ltd/Alamy Stock Photo; Pierre Bona/Wikimedia Commons; Roland Fischer/Wikimedia Commons; sarayuth3390/Shutterstock; Shutterstock; Tony Farrugia/Alamy Stock Photo; Wikimedia Commons

The author and publisher would like to thank the following for permission to reproduce authentic texts and data:

Bureau d'Information Touristique d'Avioth; *Chica Vampiro*, Star Direction Special © Mark Global Management Ltd; Cinéma de Caussade; 'Junior Connect 2015' report data, Bayard, Milan and Disney Hachette Presse, conducted by Ipsos; Météo-France; Santé publique France